新教育探索系列

My daughter speaks five languages

我女儿会五种语言

语言学习+家庭教育的快乐打开方式

Lulu / 著

化学工业出版社

·北京·

Lulu老师14岁的女儿抗抗，会中、英、西、葡、德五种语言，独立自信、多才多艺，从小就明白此生的梦想与使命。但这并不是一个天才儿童的幸运故事，而是妈妈精心培养的必然结果。Lulu的"母语式语言学习法"让很多孩子都像抗抗一样爱上了学语言；Lulu立足于培养内在品质和能力的教育方法，适合于每个普通家庭；Lulu追求独立自强的精神，适合于每一个普通人，你我他。

本书适合0～12岁孩子的家长，适合教育爱好者和研究者使用。不懂外语的家长，也能带领孩子学好外语；普通的家庭，也能培养出优秀、杰出的孩子。

图书在版编目（CIP）数据

我女儿会五种语言/Lulu著．—北京：化学工业出版社，2018.9（2024.7重印）
（新教育探索系列）
ISBN 978-7-122-32729-1

Ⅰ.①我… Ⅱ.①L… Ⅲ.①语言教学－儿童教育－家庭教育 Ⅳ.①G782

中国版本图书馆CIP数据核字（2018）第169819号

责任编辑：史文晖　　　　　　装帧设计：王　婧
责任校对：王　静

出版发行：化学工业出版社
　　　　（北京市东城区青年湖南街13号　邮政编码100011）
印　　装：涿州市般润文化传播有限公司
880mm×1230mm　1/32　印张8　字数128千字
2024年7月北京第1版第9次印刷

购书咨询：010-64518888
售后服务：010-64518899
网　　址：http://www.cip.com.cn
凡购买本书，如有缺损质量问题，本社销售中心负责调换。

定　价：45.00元　　　　　　　　　版权所有　违者必究

序

序

在过去十年里,我用"母语式学习法",教我的女儿抗抗和到我这里来学习的孩子们,在三四年,甚至更短的时间里,他们都把英语学到能够和外国人自然交流、读原版小说、写文章一气呵成的程度。抗抗更是用这种方法熟练掌握了英语、德语、西班牙语和葡萄牙语。

不过,我写这本书,不仅仅分享"母语式语言学习法",更想把支撑一个孩子成长为优秀的、未来成为有能力追逐梦想的人,这样的教育方法展示出来。我不是一个擅长理论的人,但我知道我走了一条相对高效的路,希望这份经历能对更多的家庭有所帮助。

在这本书里,大家可以看到我对女儿内在品质:独立意识、爱的能力、胆气、自控力、责任意识、规则意识等的塑造。如果大家在帮助孩子学习语言的同时，能注重这些品质的培养，语言学习的效果会事半功倍，也是对孩子一生的长远建设。

在我教育女儿的过程中，享受了信息时代的便利、得到了世界各地人们的帮助，出版这本书，也是怀着把世界给予我的恩情回报给世界这样一份心意。书中的经验，读者朋友们结合自身家庭的特征和孩子的兴趣去实践，就可以走出一条属于自己的教育之路。

出版这本书，要感谢我女儿抗抗和我先生的大力支持，也要感谢我的婆婆对我的触动。我的婆婆，她老人家从退休的那天起，开始上老年大学，20年如一日坚持自学画画，2014年出版了画册。不管身体如何每况愈下，精力如何不济，她都从没放弃过自己画画的梦想。她给我们的，是一份用之不竭的精神财富。

本书是我对语言学习、孩子教育、自我成长和认识世界的一份总结，有机会出版出来，非常感恩。感谢编辑阿文，助我梦想成真。我深知并不完美，存在的疏漏、不当之处，请广大读者朋友们批评指正。

Lulu

第一部分 | 我女儿会五种语言

01　抗抗学英语 004
/ 用动画片学英语 / 轻松进入阅读与写作 / 抗抗很爱写 /

02　我要学两个"牙"——西班牙语和葡萄牙语 036
/ 不花钱的语言交换 / 西班牙语老师 Natalia /
/ 西班牙语老师与学习素材 / 葡萄牙语老师 Valentino /

03　我想学德语，去德国学马术 050
/ 四年德语，八位外教 / 抗抗学德语的方法及学习素材 /

第二部分 | Lulu 的母语式语言学习法

04　母语式语言学习法 058
/ 第一个阶段：视听阶段 / 第二个阶段：阅读阶段 /
/ 第三个阶段：写作阶段 / 第四个阶段：综合运用阶段 /

05 关于学语言的其他问题 068
/ 怎样背单词? / 怎样融入自然拼读? /
/ 什么时候学语法? 高级阅读阶段,可以不视听吗? /
/ 高级阅读阶段,看什么视频? /

06 学不好外语,不是孩子的错 077
/ 学好外语的三大要素 /

第三部分 | 语言不是孩子的全部

07 初为人母的清醒 088
/ 要警觉爱太多 / 妈妈,我们换换吧! /

08 辞职回家带女儿 093
/ 职场清零,回归家庭 / 辞职后的困境 / 我能,你也能 /

09 发掘抗抗的兴趣 106
/ 比赛学游泳 / 抗抗学马术 / 抗抗学乐器 /

10 语言学习背后的训练 118

/ 身体素质：健康三小招 / 独立意识：从小培养 /
/ 爱的能力：养宠物 / 培养胆气：马术 /
/ 自控力：哭泣、延迟满足与奖惩 /
/ 自立与责任：第一份家庭协议 / 规则与礼仪：从小训练 /

第四部分 | 支持孩子追求梦想

11 抗抗的上学经历 154

/ 想要入学不容易 / 入学后的生活 / 抗抗要休学 /
/ 抗抗第二次回学校上学 / 少有人走的路 /

12 让孩子认识自己 167

/ 创造条件让孩子认识自己 / 家庭梦想：第二份协议 /

13 帮助孩子建立达成目标的能力 175

/ 和女儿一起分解远期目标 / 每年制订中期目标 /
/ 短期计划表 / 给孩子切实的激励 / 追梦十年 /

第五部分 | 语言带我们走向世界

14 读万卷书,行万里路 186
/ 成为更好的人 / 锻炼出孩子的能力和自信 /

15 我们的穷游经 197
/ 安全意识 / 钱不多旅行法 / 沙发客和以工作换食宿 /

16 在各国游学、旅行 213
/ 第一站:菲律宾 / 寻梦之旅:德国行 /
/ 西班牙夏令营及游学生活 / 美国夏令营及游学生活 /
/ 英国国际夏令营 /

17 奇迹在每一次探索中 238
/ 神奇抵达 Bob 家 / 在德国一头撞到 Wolfgang /
/ 西班牙拇指搭车 / 在墨西哥混进演出 /

小编阿文的话 246

第一部分
我女儿会五种语言

除了中文之外,抗抗熟练地掌握了4门外语:英语、德语、西班牙语和葡萄牙语,并能在多种语言之间自由切换。

我女儿名叫抗抗，出生于2003年。2018年3月18日凌晨，14岁的她，独自飞赴德国上学，从来都从容淡定的我，在机场松开怀抱让她入关的那一刻，心还是有一种一下子被抽空的感觉。送别她后，站在机场附近仰望夜空，空落、不安的感觉像海浪一般，一浪高过一浪向我袭来。我将所有的勇气和理性唤醒，心海才终于回归平静。

　　我对自己说：孩子总会飞走的！无论是国内还是国外，你可以去看她，她也可以在放假的时候回来，没什么大不了的！再说了，这不就是10年来，孩子和你一直想要的吗？是的，从2008年5月我把5岁的抗抗从幼儿园带回家，到2017年6月底，她收到德国一家有系统马术课程的中学的入学通知书，再到今天她独自去德国读书，我们一起准备了将近10年！

　　在这10年里，**除了我们的母语中文之外，抗抗熟练地掌握了4门外语**：英语、德语、西班牙语和葡萄牙语，并能在多种语言之间自由切换。抗抗的各门功课都保持了较好水平，学会了游泳，最爱马术，古筝十级，正在学手风琴。在这10年里，我们在约15个国家自助旅行、生活，抗抗独自参加过多个国家的夏令营。我相信这些技能、经历以及因此获得的生活经验，能帮助她在独自生活时，多一份自信与从容，继续朝着梦想和目标迈进。

在这10年里，在旅途中遇到的人们，身边的朋友们，都为抗抗的语言能力和我们这十年的变化感到惊讶。但我知道这并不特别，因为我们在世界上旅行的过程中，遇到过很多这样的人。他们会说很多种语言，从小就有自己的梦想，阳光而独立，善良又体贴，抗抗只是他们中的一个。

接下来我将会向你讲述，我和抗抗这一对普通人家的母女，在有限的家庭资源中，如何运用本书中即将讲述的"母语式语言学习法"，借助互联网的便利，创造条件来实现我们的教育目标，将孩子培养成一名视野开阔、理想远大的人。如果你是孩子的家长，听完我的故事，并下定决心去做，你的孩子也可以成为掌握多种语言的孩子中的一个，毫不意外，因为这个过程一点也不特别，也不神奇。

01　抗抗学英语

2006年，抗抗两岁的时候，中文说得比较流畅了，我开始有意识地给她看英语动画片。

第一次给抗抗看的是《爱冒险的朵拉》(Dora the Explorer)，看的时候，她很好奇地问我："妈妈，动物都说英语吗？"

那个时候，还没有想好怎么回答这个问题，为了让她多看，我撒了个谎："是的！"

抗抗急切地说："妈妈，我也想和动物说话！"

我说："那你就要学好英语啊！"

她说:"妈妈,那你教我吧!"

我说:"行!妈妈在的时候我们每天说英语,不在家的时候你就多看英语动画片。"

就这样,抗抗看起了英语动画片。英语并没有阻碍2岁多的她享受动画片的乐趣,她经常被动画片逗得乐不可支。那时候,英语的资源不容易找,不像现在从网络上可以找到充足的各种资料。为了给抗抗找到适合的视听材料,我和我先生在淘宝上淘了很多VCD、DVD光盘,用电脑和电视放给她看。

抗抗3岁多的时候,我的谎言露馅了。有一天,我下班回家,抗抗扑过来说:"妈妈,你骗我!"

"哦,怎么啦?"

"动物也说中文的!"

哈,原来老家来的哥哥,给她把动画片的音轨切换成了中文的,我撒的谎也就藏不住了。我跟抗抗道了歉,说明了原因。在那之后,抗抗出现了反复,有时候会要求看中文动画片。但如果我在家的话,都会鼓励、带动她一起看英语的。再后来,她习惯并喜欢上了英语动画片,一切就顺其自然了。

我观察过,有些动画片她看完一遍不想看了,自己就换了新的;有些动画片,她喜欢其中的几集,就盯着反复看,嘴里经常叨叨着,兴奋地说着其中的台词,我适时地展示出对她才能的讶异和夸奖,使她更加喜欢英语,说起来更加自信。

|用动画片学英语|

想到用动画片来启蒙英语,是源自我自身的英语学习经验。20世纪60年代末70年代初出生的我们这一代人,受到时代潮流的影响,大多有一份出国梦,我也是这样。用时下流行的一句话来说,我的梦想一直就是:世界这么大,我想去看看。所以,我一直都很注意学习英语。

在西安外国语学院学习的时候,我的学霸同学们,经常抱着英语词典背单词,但我不喜欢枯燥地背单词,就经常跑去学校的电教室,看免费的英语电影,默默地跟在后面说台词。我也不太喜欢那些几十年内容不变的教科书,就到学校周围的旧书摊上,淘一些旧英语报纸和书来读。

一开始也不是什么都能读懂,我喜欢什么内容就读什么内容,遇到不懂的单词,查字典不方便,就硬着头皮读,结合上下文语境去猜。慢慢地,读多了,不认识的词,居然也就都认识了、记住了。以这样的方式,我的英语兴趣只增不减,进步神速,无论听力、口语、阅读理解,还是语法和词汇考核,正确率都激增,考试成绩也很好。

工作多年后,难舍梦想的我,参加了TOEFL(托福)和GRE(美国研究生入学考试)考试。准备考试的过程中,我没有把精力和时间用在背单词、啃语法、做模拟题上,而是每天都兴致勃勃地去读英语网站上的新闻,如BBC News等;读风靡全球的英语原版书,如小说、人物传记等;追经典的英剧、美剧……结果,7个月后,TOEFL和GRE考试都拿到了正确率约95%的高分。

之后,虽然我放弃了留学的机会,但每天浏览英语

 我女儿会五种语言

网站上的热点新闻、阅读英语书籍的习惯保留了下来，这些习惯让我不断精进，这十几年日积月累，我的英语运用自如。

有了这样的学习经验，在抗抗的外语教育上，我相信要让孩子对语言感兴趣，必须让她体会到语言是有趣的、精彩的。既然孩子们都觉得动画片有趣，也特别喜爱与动画片相关的书籍和玩偶等产品，那么就用英语动画片，来启蒙抗抗的英语学习吧！

大概抗抗5岁的时候，为了多点时间陪伴孩子，我辞职回了家，这是个饱受压力的过程，后面再详说。我辞职回家以后，把抗抗也从幼儿园接回家来自己教。那时候，她每天除了学习语文和数学课程，以及外出活动之外，几乎都浸泡在英语中，接触了大量的英语动画片、英语歌曲、英语游戏，这一切对她来说都是娱乐，不是学习。因为喜欢、开心，抗抗迷上了英语。

没过多久，她的英语表达就非常流利了，尤其是和我吵架的时候，哈！我至今还记得她不到6岁时的这两段表达：

有一回抗抗不高兴：

Mom，If you don't speak Chinese to me, I'm not gonna speak English to you！（妈妈，如果你不跟我说中文，我就再也不跟你说英语了！）

Mom, you are not a good mom. How could you hit me? You are such a mean mom...（妈妈，你不是个好妈妈，你怎么能打我呢？你就是个坏妈妈……）

她吧啦吧啦说了一大段，让我惊喜万分！

为什么动画片，可以启蒙英语？

一个正常的婴儿出生以后，身在英语环境中，自然会学会英语；身在我们的中文环境中，自然会学会中文，这是因为他们在环境中耳濡目染。也就是说，人在婴幼儿、儿童期，天然有这种能力，在什么样的语言环境中，就能学会什么样的语言。

那么，如果我们希望孩子学会英语，就给他们创造英语的环境好了。虽然我们都不说英语，但在这个信息资源

 我女儿会五种语言

超级丰富的网络时代,我们完全可以在家庭中模拟出一个英语的环境来。

什么动画片,适合启蒙英语?

生在网络时代,我们真的很幸运,不带中文字幕的英语动画片很容易就能从网络上找到,这让我们有机会不用去国外,不用请外教,运用本书讲的方法,就能够带领孩子学习英语。

用什么动画片来启蒙英语?我的做法是:在了解过动画片的品质的前提下,孩子喜欢什么英语动画片,就给她看什么好了。因为这样更能贴合孩子的兴趣,也有利于形成习惯、培养专注度。比如两岁的孩子,可能会喜欢《天线宝宝》(*Teletabbies*)、《花园宝宝》(*In the Night Garden*);三四岁的小女孩会喜欢《粉红猪小妹》(*Peppa Pig*,也译为《小猪佩奇》),男孩子喜欢《本和霍利的小王国》(*Ben and Holly's Little Kingdom*)之类的……只要多尝试几部优质动画片,总能找到孩子的兴趣点。孩子们在享受了动画片的趣味的同时,他们那具有超级语言学习

能力的大脑，也把动画片中的语言要素照单全收了。

这里是抗抗和我的学生们用过的英语动画片列表。列表中的年龄只是参考，实际上，很可能一个5岁的孩子看《神奇校车》（Magic School Bus）也兴致勃勃。所以具体给你的孩子看什么动画片，主要还是依据孩子的兴趣来确定。

年龄段	动画片
0～3岁	《天线宝宝》《巴巴爸爸》
3～6岁	《迪士尼芭比系列》《迪士尼神奇英语》《粉红猪小妹》《米奇妙妙屋》《爱冒险的朵拉》《本和霍利的小王国》
6～8岁	《飞哥与小佛》《蓝精灵》《麻辣女孩》《小马宝莉》《神奇校车》
8～12岁	《降世神通》《科拉传奇》

怎么找到这些动画片呢？有很多途径，我分享两种比较方便的方式：

1.视频网站或App，比如爱奇艺、优酷等，都既有网站又有App，在里面搜索出想要的动画片，下载到本地

（即下载到电脑或手机以及类似的终端电子设备上），就可以给孩子看了；

2.通过网盘搜索引擎来搜索相应的资源，然后保存到自己的网盘中，下载到电脑或手机上播放给孩子看。

在使用这些方法的时候，我建议下载到本地之后再给孩子看，这样可以过滤掉一些不良信息的影响。

有些家长会担心，给孩子使用电脑或手机看视频，会不会对孩子的眼睛造成伤害。这种担心可以理解，但就如同切菜的刀具也会伤到手一样，我们会不会因为这些刀具可能伤到手，就不使用它们呢？实际上，只要我们合理地使用，就能把伤害降到最低。电脑和手机也是一样。

比如我们可以选择高清的屏幕；使用投屏的方式，把视频投放到白色的墙壁或者幕布上，保持足够的观看距离；每次给孩子看的时间控制好，长一点的动画片，中间借着给孩子喝水等名义，让他们休息一会儿，再继续。通过这些方式，来保护孩子的眼睛。

孩子不愿看英语动画片，怎么办？

当然最好的办法是，从孩子第一次看动画片的时候，就给他们看英语的，这会很省心。对于已经习惯了看中文动画片的孩子，一开始会拒绝英语动画片，这是很正常的。那么，我们可以慢慢渗透，有这么几种方法。

方法1：同意孩子看中文动画片，但必须先看一集英语动画片，经过一段时间后，过渡到完全看英语动画片。

方法2：一段时间都持续不让孩子看任何动画片，等他强烈要求的时候，直接给他看英语动画片，这时候阻力就小多了。

方法3：给孩子看已经看过的中文动画片的英语版。孩子容易理解，也就容易接受。比如给孩子看过中文版的《粉红猪小妹》，再给他看英语版的。

但不管哪种方法，强烈建议一开始爸爸或者妈妈陪孩子一起看，一起学习，尤其是孩子畏难情绪严重的时候。

总之，想要孩子接纳英语动画片的话，我们就要坚定地带动孩子去做，在教育的大方向上，家长是掌舵人。实

 我女儿会五种语言

践也证明,只要家长能坚持通过动画片创设家庭英语语言环境,孩子的语言障碍慢慢就消失了。跟我学习英语的所有孩子,都喜欢上了英语动画片,一到两年他们的英语听力就非常棒了,口语表达也自然、顺畅。

持续看动画片后,有什么效果?

在视听阶段,孩子大量地看了动画片,有了足够的"入耳量",本能驱使下,就想开口说了;如同中文,0岁的孩子在听了一年多后,就开始说话,3岁以后大部分孩子都能用完整的句子表达自己的想法。**你很容易就能观察到:孩子不由自主地开始说他在动画片里听到过的英语单词、句子;开始问你这个用英语怎么说、那个用英语怎么说了;开始情不自禁地哼唱一些英语歌曲了。这其实就是孩子的英语思维发展出来的一个显著标志。**

这时候,如果父母能和孩子用英语表达,将孩子在动画中学到的有趣的对话用在现实生活中,孩子就会对英语更加感兴趣。

父母不会英语,怎么带孩子说?

如果父母都不会说英语,也不要紧,在我们这个时代,完全有办法轻松弥补。我们可以采取以下方法。

方法1:找英语口语好的人给孩子上课。比如找英语专业的家教,找英语老师等来陪孩子练习英语口语。当然选择的时候,我们需要对家教或者老师的英语能力有所了解、判断。

方法2:选择网络授课的外教,陪孩子练习口语。

方法3:利用手机上的免费配音软件来带动孩子跟读、带动孩子表达。(这是最省钱、最简单的方式,关键在于家长能否持续地带领孩子去做。)

经过长期的口语练习,孩子就能习惯于用英语表达,学习起来更主动。网络时代的到来,已经让语言学习变得更加容易。英语的日常口语词汇也就1000个左右,如果我们能每天坚持让孩子看1个多小时的英语动画片;每周家长或者老师诱导孩子用英语来说话、唱歌、游戏,一到两年内,大部分孩子都能形成良好的英语母语本能与习

惯。四五岁孩子的英语水平,就能与英语国家不识字的人的口语表达能力接近了。

2008年到2010年,抗抗在家的所有娱乐(动画片、歌曲、阅读)几乎都是英语环境下的,以至她的中文水平有些落后,有时候一些中文词她不知道,说英语反而立马明白。比如2008年我父亲去世,我们带她坐火车去参加姥爷的葬礼。说葬礼,她不理解,说funeral,就哦一声,恍然大悟。

记得2010年,抗抗疯狂地迷上了动画片《降世神通》(*Avatar*)。有一次,我开车带她去亲戚家,路上不知怎么聊起来每个人的gift(天分)和destiny(使命)。

我说:"Everyone has his gift and destiny."(每个人都有他的天分和使命。)

她马上接着说:"I know, my gift is studying languages and my destiny is to travel around the world."(我知道,我的天分在学习语言,而我的使命就是周游世界。)

我当时很是讶异,不记得我们之前有过这个话题的讨论，也不记得她学过这些词汇，本以为还需要一番演绎、解释一下 gift 和 destiny 的意思，居然不需要了！

我问她："How could you know what your gift and destiny is?"（你怎么知道你的天分和使命是什么的？）

她以一种毋庸置疑的口吻，流利地说："Prince Zuko's destiny is to capture the Avatar, his gift is firebending. I sure believe my gift is language studying, and my destiny is to travel around the world!"（祖克王子的使命是抓住降世神通，他的天分是驭火术。我非常确定我的天分是语言学习，我的使命是到全世界旅行！）

我们曾经讨论过梦想，但是没有把这两个词汇和梦想连起来讨论过，她自己把它们对应起来了。真不得不惊叹孩子大脑神奇的学习能力！当然，多年的教学经验告诉我，这样的学习能力，每一个孩子都拥有。启蒙语言越早的孩子，学习、领悟语言的能力就越强。

什么年龄,最适合孩子学语言?

《卡尔·威特的教育》可以算是老卡尔·威特的育子笔记,记载了他培养儿子——19世纪德国的天才式人物——小卡尔·威特的教育过程。小卡尔·威特八九岁时就能自由运用六国语言。在这本书中,有这么一段话,很值得为人父母的我们铭记:

儿童的潜能遵循着一种递减法则。比如说,生下来具备100度潜能的儿童,如果从一生下来就能给他进行理想的教育,那么就可能成为一个具备100度能力的成人;如果从5岁开始教育,即便教育得非常出色,那也只能成为具备80度能力的成人;而如果从10岁开始教育的话,教育得再好也只能达到具备60度能力的成人。这就是说,教育开始得越晚,儿童的能力实现就越少。这就是儿童潜在能力的递减法则。

参考这段话,我认为学习语言,越早开始越好。在教学过程中,我感受到,孩子越小学习能力越强,只要到了能看中文动画片的年纪,就可以给他们看英语动画片来启蒙英语。我的学生Elsa 4岁多来我这里上课的时候,英语已经能做基础表达了，语感非常好，因为她哥哥在我这里上课，她大约两岁就每天跟着哥哥在家看英语动画片，在哥哥用英语表达的时候，自己也跟着说。

我的学生中，有些四五年级开始运用母语式语言学习法的孩子，他们背了多年单词和语法，听说读及发音能力仍然不佳。到我这里之后，经过两年动画片上课精听、模仿，课下大量泛听、广看，发音很快得以纠正，逐步能听得懂英语动画片，口语表达较为流畅自如，再过一两年也开始读英语原版章节小说。但是，我还是能感觉到，他们在读英语小说时，大脑中存储的情景、图像不够，理解能力比四五岁就开始启蒙的孩子要弱一些。而且越晚启蒙，学习时间也越紧张。

总体来说，12周岁之前的孩子，听力思维比较敏感，用这种母语式语言学习法，事半功倍。不过，不管是孩子，还是成人，这种方法都是行之有效的，就比如我自己，成年后开始学习英语，也学出来了。所以，一旦决定了要学，纠结不如行动，每天坚持是关键。

 |轻松进入阅读与写作|

2008年的时候,我们还没有接触到点读笔,当时也没有像Raz-kids这样便利的语言学习软件,我给学生做一对一教学,用的是网上找到的一些Flash小故事。

经常都是在学生上完课后,抗抗从隔壁房间跑出来,迫不及待地问我:Mom, where is the story you've just learned?(妈妈,你们刚才学的故事在哪里?)我告诉她后,她马上打开电脑自己看起来,很快就把文件夹里喜欢的故事都读完了。

就这样,抗抗自己学完了51个Flash小故事和101个Flash小故事,她还觉得不过瘾,央求我给她买故事书。我打开亚马逊,让她自己挑喜欢的书,她挑了一套15本的章节书《我的秘密独角兽》(*My Secret Unicorn*)。等了许久,书陆陆续续才到。一拿到抗抗就迫不及待地读了起来,反反复复地不知道看了多少遍。她迷上了书中的独角兽,给她所有的独角兽毛绒玩具和马都起了书中的名字。这套书也深深地影响了抗抗的人生选择,我们后面再说。

抗抗就这样自然地从英语的"视听"阶段,过渡到了"认读"阶段,没有特意学过字母,没有背过单词,更没有学过自然拼读。当时这个过程令我吃惊,我以为她是个特别有语言天赋的孩子。后来,我的学生多了,这样的现象也就常见了,他们中有些孩子甚至比抗抗的进度还要快,毕竟抗抗后来要学的语言越来越多,精力逐渐分散。

现在,我确信,**每一个智力正常的小孩都可以在看了大量动画片的基础上,引入有声的可视性读物,最终实现自主阅读。**

什么材料适合启蒙英语阅读?

选择阅读材料有些讲究,要选择那种能帮助孩子在语音、画面、动作及环境,与词句之间能建立起关系的材料,因此它应该是有声的可视性读物,就像是动画片的延伸。

这样的材料,至少有以下两个好处。

1.声音有助于孩子理解

在看了大量的动画片后,孩子对声音已经非常敏感了。声音中的韵律、重音、停顿,会起到断句的作用,这些有助于孩子理解。比如 This is the mother/ whose name is Pat/who cooks the Turkey/ all stuffed and fed(这是个妈妈,名字叫帕特,烤了一只火鸡,肚子里填得满满当当的)这句话,阅读者的断句会切分这个句子的语法成分,有助于孩子找到了这个句子的重点;同时,阅读者的朗读语气、感情色彩,都是帮助我们阅读理解文意的手段。

2.画面帮助孩子把声音与文字联系在一起

听的同时,有匹配的情景与画面,这有助于帮助孩子把声音与文字匹配起来,他们不仅能将单词的正确发音记住,还能结合上下文和语境,大体猜出故事中生词的意思。慢慢地,孩子就发展出了认读思维,积累了大量的书面语言信息,比如单词、句式等,就能读更多的内容了。

这些阅读材料包括以下几种。

1. Flash 故事

当初,抗抗和我最早的一批学生用的是 Flash 小故事。它们不同于纸质书的是:其中的声音和文字有视觉上的对应关系。

我记得有一个 Flash 故事是这样的。内容是:I have a brother, I don't like to play with him, he likes to fart,he farts here and there.(我有个弟弟,我不喜欢和他玩,他总喜欢放屁,这里那里的到处放。)Flash 的图片上,是形象搞怪的动漫姐弟,弟弟不断地到处放屁,姐姐捂着鼻子一副嫌弃的样子。在故事展开的过程中,配的声音读到哪一个单词,这个单词的颜色就会变化。fart 这个词,也有特别处理,鼠标一点 fart,弟弟就开始放屁。

每每学到这一页,孩子们都乐不可支,迫切地想把整个故事都学完,也特别愿意不断地模仿语言:He likes to fart, he farts everywhere! 我再引导他们换个人物练习这句话,比如说爸爸、妈妈、Lulu,孩子们就哈哈大笑,乐此不疲地把这句话练习得滚瓜烂熟。就这样 fart 这个词,他们永远都不会忘了。就因为这些内容,孩子们觉得搞笑、

好玩，因而他们更加愿意读英语故事！不知不觉，就把语言信息吸收进去，他们就能认读了。

2. 分级阅读软件

现在，我已经很少用Flash小故事了，主要是给孩子们用Raz-kids。这款软件提供了海量的资源，孩子们可以选择自己喜欢的内容去读，还有跟读、练习口语、阅读理解的功能，并提供分级阅读材料，更加贴合孩子的接受能力。不过，这是一个收费的国外软件，需要在网络条件下注册使用，有时候反应有点慢。它的在线版有电脑版、iPad版，以及App版。如果你没有办法使用在线版，也可以购买纸质点读版。

3. 有声阅读材料

网络时代，即便不懂英语的父母，依然可以带领孩子进行英语阅读。你可以选择这些形式的有声阅读材料：

a. 配有点读笔的有声故事书

b. 带音频的英语绘本

正如引导孩子阅读中文故事一样，陪着孩子一起

"玩"这些材料时，父母需要耐心引导孩子把视线落在英语词句上，让孩子能够将声音与画面上的文字衔接起来。当孩子自然而然地认识一些高频词时，就大力赞扬，使孩子产生成就感，从而激发他们阅读的热情。

阅读的过程中，如果孩子追问某些词是什么意思，怎么办呢？切记：不要翻译成中文！你还是可以利用网络来帮助他学习，比如遇到lizard（蜥蜴）这个单词，孩子不明白。你可以用英语搜索引擎Bing.com（不要用百度），搜索lizard，然后点击images（图片），页面上就会出现许多与蜥蜴有关的图片。一看到蜥蜴的图片，孩子就明白了。

这样的做法，其实我们在生活中早已运用过，孩子小的时候，如果问你什么是蜥蜴，你肯定是——要不指着草丛里的一只蜥蜴给孩子看，要不就找一张蜥蜴的图片给孩子看。我们在生活中不知不觉地学会了中文，把这套方法搬来学英语就可以了，每个父母都能带领孩子学英语。

对于自身有英语基础的父母来说，最简单、有效、经

| 我女儿会五种语言 |

济的启蒙孩子英语阅读的方式,就是一开始带着孩子读英语绘本。这时候父母提供了声音。

● 孩子不愿意读,怎么办?

也许孩子一开始不会主动去读这些材料,最关键的还是父母的阅读引导。你可以跟孩子一起制订一个英语阅读计划!每天固定一段时间,引导孩子"玩"这些材料。引导方法如下。

第一步,给孩子听动画片的音频。由于他们已经看过动画片了,所以他们对听相同的故事不会产生畏难情绪,较少排斥,尤其是他喜欢的某一集。比如,先给孩子看英语动画片《粉红猪小妹》某一集,然后给他听这一集的音频,反复听。

第二步,给孩子看相关的阅读材料。比如,在第一步的基础上,给孩子点读《粉红猪小妹》的有声书。因为喜欢,他们自己会用这种有趣的方式来"玩"。

随着阅读量的增大,孩子会发现语音与字母之间的关系,不知不觉中从听读思维过渡到认读思维,并且能自己总结出自然拼读的一些规律。有了自己总结出自然拼读的能力，孩子认读速度更快。在这个阶段，到我这里学习英语的孩子，我也会带动他们总结一些自然拼读的规律，但最主要的还是要让孩子大量地去阅读，他们才会对英语听读都有很高的语言敏感度和理解力，以及记忆能力。抗抗和我的一些学生就是这样开始自主阅读的。

第三步，鼓励孩子阅读。随着阅读量的增加，阅读习惯的养成，孩子认识的词、词组和俗语也就越来越多，最终完成声音和文字的分离使用，他们就可以读普通的英语书了。

正如你8岁的孩子手持一本《三国演义》，你不会担心孩子能不能理解其中的诗句、词义和句意，看着他们手不释卷，作为家长就暗暗欢喜。孩子读英语书时，你也应该怀有同样的窃喜，不用担心他们能不能理解，也不要期待他们能百分之百理解。实际上，只要他们愿意读、爱读，就说明他们不仅能理解故事大意，还能顺着故事的发展，结合自然拼读规律，结合上下文拼出、猜出一开始不认识的单词和词义。

你需要做的是，根据孩子的兴趣给他们提供相应的英语书，创造时间和条件，鼓励孩子将阅读进行下去。只要孩子从阅读中获得的乐趣越来越多，他们的阅读量就会越来越大，英语水平和知识面就会越来越高。英语也不再是一门学科，而是他们获取知识的又一个有力工具，应用起来，也就越发得心应手。

到了这个阶段，绝大多数家庭能做的英语启蒙和进阶就完成了。英语这扇了解世界的窗越开越大。家长接下来需要做的是：努力为孩子创造机会扩展使用范围，比如带孩子与外国人交流，到国外旅行，练习使用语言，鼓励孩子充分利用学校的课堂、外教资源、英语活动等来精进自己的英语能力等。

令我惊喜的母语式表达

抗抗6岁的时候，我接受某英语培训机构短期聘请，去西安几个高校做讲座，招聘及面试英语老师。一周后回到家，推开家门就看见我先生铁青着脸："你是怎么教孩子的，美其名曰在家教孩子，一年多了孩子连26个字母都不认！"（当时因为我辞职回家带孩子，他正心里不满呢。）

我没有回答他，心里也确实没底气，因为我确实没教过孩子26个字母。就像在孩子不会说话前教孩子汉字的部首和拼音一样，我认为特别花时间去学26个字母的读写没有必要，因为他们在那个年龄阶段的时候还对此没有概念。在孩子进入阅读甚至拼写阶段后，结合起来学更有效。

但是我对抗抗的英语听说读的能力还是相当自信的。放下包，稍加整理后，我在客厅里悄悄问孩子："爸爸给你写的什么，你不认识呢？"

抗抗说："就有两个我不认识，一个是我爸爸写的言字旁，第二个是我爸爸写的9，但是尾巴是向后绕了两圈的。"

哈！手写体i可不就是个言字旁吗？手写体的q不就是个甩着尾巴的9吗？我乐了！ 随手从书架上取了一本《新概念英语2》。我从没教过孩子学这本书，既然先生大人认可这些大众标准，就让孩子试试吧！

先生铁青着脸，斜靠着躺在卧室的床上，一副绝不善

罢甘休的样子。我让抗抗把书递给爸爸："你选一篇吧，随便选！"先生一脸不屑，估计心里说：哼，26个字母都不认识，还想读新二，忽悠谁呢！可是他不忍打击孩子，选了最容易的一篇："就第一篇吧！"

抗抗也有些犹豫，有些不确定，因为以前从没读过。她接过书，目光扫视一遍，笑嘻嘻地读了起来：

"Lesson 1 A Private Conversation

Last week I went to the theatre.I had... The young man said rudely, 'this is a private conversation'."

就在抗抗读的过程中，孩子爸爸脸上的表情由惊到喜，身体迅速地坐直了！急切地把书拿过来，翻到中间："这篇！"

抗抗继续读："Lesson 38 Everything Except the Weather..."

"这篇！"

"Lesson 90 What's for supper?..." 同样流畅！

"你也读读《新概念英语3》，你和抗抗比速度和流畅程度！我掐表！"我开始发难了！

《新概念英语3》读了几篇，读过名校研究生但很多年不接触英语的某人，很开心地败给了自己6岁多的女儿，主要输在了发音和阅读流畅度上。此人仔细确认了他女儿从没学过这些文章后，从我辞职回家起一年多来，他的眼睛里第一次透出喜悦的光芒，嘴角忍不住地上扬。

这次以后，先生听到女儿流利地和我用英语对话，脸色稍有舒缓。但他还是不踏实，所以时不时要求女儿把她顺口说出的话给他翻译成中文，仿佛翻译出中文才能表明对语言的真正掌握。当然，抗抗给他的只有惊喜。

记得有一次，他问了抗抗一个问题，孩子顺口说："According to my research..."

先生问："什么意思啊？"

抗抗脱口而出："就是据我所知嘛！"

先生问："那according是什么意思？"

抗抗被问住了，说："不知道！"

"那 research 呢?"抗抗又被他问住了!

他诧异极了:"那你怎么知道这么翻译的?"

6岁的抗抗也愣住了:"不知道,感觉就是这意思!"

看!这就是6岁孩子的语言学习能力!三个词中两个不知道具体意思,也能理解。原因是,通过大量的视听他们能形成一种语感,不需要理解单个词的意思就能理解句子的意思,就能用来表达。在抗抗和我的一些学生身上,我都看到了这样的现象。

切身感受到了女儿的进步,我先生对我的态度有了改变,不再挑刺儿地说我做的饭咸了、淡了。他开始支持我,辅导女儿的功课,主动接送女儿上兴趣班。再过了一些年,看到女儿的更多进步,深入了解了我的教育理念之后,他成了我最大的支持者。他多次遗憾地表示,我应该提前两年回家,着手女儿的外语学习。如果能那样的话,抗抗就可以在听力思维和图像思维转化为认读思维前开始第二外语,甚至第三外语的学习了。这样5岁就可以学第二外语了,6岁就可以学第三外语,甚至第四外语了。

考虑到上学后，学语言的时间会被进一步压缩，我们商量过后，有意地减少了抗抗英语的阅读量，以便延长抗抗的听力思维和图像思维的敏感期，为抗抗学其他语言创造条件。

其实，世界就是这样，一个人真的想做什么与众不同的事，往往一开始反对的声音多、阻力大。可这有什么关系，这是我们想做的事，这是我们的梦想，这是我们的人生，那么就让我们自己来支持自己！当我们的努力有了一部分成果，你就会发现，周围转而支持你的人越来越多，祝福也越来越多！

|抗抗很爱写|

写这本书的时候，编辑问我，抗抗是怎么学会写字母、单词的？我实在不记得了，在她听说读的能力增强之后，会写似乎是自然而然的事。

最初抗抗因为学的科目多，英语阅读时间每天最多1

个小时,她一直没有表现出对写作的兴趣和渴望。9岁多的时候,抗抗开始读《呆女孩日记》(*Dork Diaries*),书中幽默诙谐的语言和生动的画面总是让她忍俊不禁。她读得入迷了,说话也开始模仿书中的表达方式和语气,也开始模仿书中的插图画画,并配以有趣的文字。有一天,她要求我给她买一个带密码的日记本。哈,我的小女孩要拥有她的秘密了。好吧!买给你,你写吧!

很快,我发现,她写英语作文的积极性和自信比写中文的更高,也更为流畅、生动活泼,200字以上不在话下。和中文作文一样,错别字不少。不一样的是,中文中难一点、笔画多的字,她很容易写错;可是英语作文中错误最多的却是简单、常用且字母少的词,如what,她总是写成wat,write在她笔下总是rite,wrong写成rong;语法也会有很多错误,比如说,动词的用法常常出错。但看到她自然而然流淌出来的文字、挥洒自如的表达,我一般都是大加称赞,然后把错误挑出来让她再写四五遍。因为,写作最重要的是笔下流淌出来的思想,文字错误和语法错误会随着学习的深入逐步改进。写得一手正确的好字,却写不出有意义的内容,才是应该担心的。

她也很主动地和国外一些朋友通信，用 E-mail 或微信联系，因为电脑或者手机输入时有自动识别功能，她的错误少了很多。因为没有人挑剔她的拼写和语法错误，所以，不管是英语、西班牙语还是德语，她全不惧！在国外旅行时，离开前给房东写感谢信和评价，也都由她写。

2017年6月，她申请德国的学校，需要提交英语和德文自荐信，她立即着手，半个多小时后将写好的英语自荐信交给了我；又1个小时后，德语自荐信也完成了。

我时常觉得，爱上写作的人，多是因为读书多，经历多，感受多了，于是心中有故事满溢，渴望用文字记下来，给自己欣赏或和别人一起欣赏吧！英语写作也同样是基于大量的阅读，而且是读自己喜欢的内容，才会有共鸣、感悟，从而滋生出表达出来的渴望。另外，在各国旅行交友，也是促进抗抗积极用英语沟通的因素，这促使她形成了日常写作的习惯。

02 我要学两个"牙"
——西班牙语和葡萄牙语

2010年春节后，抗抗六岁半了，她的英语听说读能力，基本上达到美国同龄人的水平了。我认为是时候学习第二外语了。当时，我在读着一本名叫《在家培养世界儿童》的书，我指着其中一页上的一张表格给她看，那是关于世界上主要的几十种语言和使用这种语言的人口总数和国家数目的表格。

我说："你的英语进步很大，目前我们可以准备到这100多个国家旅行了。如英国、美国、加拿大、澳大利亚……妈妈可以准备出国旅行计划了。"

抗抗兴奋地跳了起来:"耶!"

趁着这个兴奋劲儿,我问她:"你想不想学除了英语以外的其他语言?"

她毫不含糊地对我说:"妈妈,我还想学很多很多语言。你告诉我除了英语,哪些语言还能旅行更多国家?"

我说:"当然是西班牙语了,西班牙语是世界第二大通用语。学好西班牙语,我们可以去西班牙以及南美的大多数国家,加起来也有50多个呢!"

抗抗又问:"妈妈,还有哪些语言能走的国家多一些呢?"

抱着书,我们娘俩一起研究着:"还有法语、德语、阿拉伯语、意大利语、葡萄牙语等,全世界一共有200多种语言呢!"

她说:"那我把两个牙都学了吧!"

我有些懵:"哪两个牙?"

她说:"西班牙和葡萄牙啊!"

不花钱的语言交换

说学就学！那个时候我的收入并不高，我必须想办法少花钱，甚至在不花钱的情况下给女儿找老师。忽然，我灵机一动：我可以做语言教学互换，用教中文来换女儿学习其他语言的课程啊！

我抱着侥幸的心理，在搜索引擎上搜索 language exchange（语言互换），结果让我开心不已，我们搜索到了语言互换网站（www.mylanguageexchange.com）！在网站上交了不到100美元的会员费后，我看到了一个语言爱好者的天堂。我们欢呼雀跃！当天，我们就和来自阿根廷的 Natalia 和来自巴西的 Valentino 建立了语言互换合作关系。每周我用 Skype 教他们一个小时的中文，他们分别教抗抗一个小时的西班牙语和葡萄牙语。

同时，抗抗还用了这些材料来学习西班牙语：a.美国好朋友以前送给我的一个语言学习软件"如师通"（Rosetta stone）；b.在网上淘到的许多西班牙动画片光盘。学习的方式和顺序，跟学习英语一致。

|西班牙语老师Natalia|

阿根廷的Natalia Rigo，30多岁，母语是西班牙语，英语达到母语水平。她对中文非常感兴趣，曾在中国的培训机构教过少儿英语，一直在努力攒钱希望再一次来中国生活工作。在阿根廷，她也一直从事英语教学，她非常懂孩子，自然也让孩子喜欢。从第一堂课起，抗抗就喜欢上了她，亲昵地喊她"Naty"。

她的先生Adrian，非常非常帅，笑容比阳光还要灿烂，让人都睁不开眼睛。他们没有孩子，但是养了很多很多动物：一只可爱极了的羊驼、两条大狗、几只小仓鼠、几只兔子，还有几只乌龟。第一次上课她抱着电脑，举着摄像头给我们介绍了所有的家庭成员，引来了我和抗抗的无数声尖叫。抗抗学习西班牙语的动力更强了，因为她"想要一个像Naty家那样的院子，可以像Naty一样养很多动物。"

因为Natalia非常忙，她和我们的语言交换课程只持续了数月，但她对抗抗的影响力是巨大的，她成了抗

抗的榜样！她教抗抗唱西班牙语儿歌，让抗抗看她养的羊驼Lama，她很有耐心，也很有趣！遗憾的是，因为她搬家及工作变化，大约半年后，我们的合作停止了。但是她留给我和抗抗的印象都非常深，我们也一直很想念她。

我们失去联系后，8岁的抗抗给Natalia写了一封信：

Dearest Naty,

How are you recently? I have not received your letter so long. You cannot imagine how much I miss you. I also miss your Lama, your dogs, your mice and your rabbits. They are so cute and lovely.

Just like you said before, you and I like aunt and niece in the days you taught me Spanish, you were so kind, generous and patient to me, you are an amazing woman. There is something I have never told you before, I was so lucky having you as my Spanish teacher.

One month ago, mom told me you had been backing

home from your vacation and you would restart to teach me Spanish on-line again, I was so excited.Then I waited and waited, but you have never showed up on-line on Skype.

Is something happening there in Argentina? Mom and I have been worrying about you day after day.

I keep on dreaming that I play in your back yard with you and your animals in Argentina, cheerful smiles on our faces. "Mom, can we go to Argentina? I want to see what is wrong with Naty.I want to see Naty's animals in her backyard." I begged mom when I woke up.

"Argentina is far far away from us, it is on the other side of the Pacific Ocean, it is not easy to get there." said mom.

I wish I had wings, but unfortunately, I don't have. The only way to visit you that I have figured out is I should study Spanish hard so that some day when I grow up, I can visit you with mom.

Naty, my dearest aunt, my dearest Argentina friend, my dearest Spanish teacher, respond me if you can receive this email, let me know you are safe, you are healthy and you are happy, no matter if you have time to teach me or not.

Best wishes to you and your family members.

Love yours

Louisa

以下为译文：

亲爱的 Naty：

你最近好吗？

好久没有你的消息了，你不知道我有多么想念你！我也想念你的羊驼，你的狗、仓鼠、兔子，它们多可爱啊！

正如你之前所说，在你教我西班牙语的那些日子里，我们两个就像阿姨和侄女。你对我友善、大方而且耐心。你是一个了不起的女人,有些话以前我没有告诉过你:有你做我的老师,我真的很幸运。

一个月前,妈妈告诉我,你度假回来了,你会重新给我上西班牙语的在线课程,我当时很激动!可是,我等啊等啊,你的Skype却一直没有上线。

不会是(阿根廷)你那里发生什么事儿了吧?妈妈和我越来越担心你了!

我这些天做梦都是在阿根廷,在你家后院和你以及你家的动物们在玩,我们的脸上都洋溢着笑容。醒来后,我求妈妈:"妈妈,我们能去阿根廷吗?我想去看看Naty怎么了!我想去Naty的后院看看她的动物们。"

妈妈说:"阿根廷很远很远,在太平洋的那一端,去那里可不容易。"

我多么希望自己有一双翅膀,可是很遗憾,我没有!我仔细想了,唯一的方式就是我努力学习,将来长大了和妈妈去找你。

Naty，我亲爱的阿姨，我亲爱的阿根廷朋友，我亲爱的西班牙语老师，如果你收到这封信，尽快回信吧！让我知道你是安全的、健康的、幸福的，不管你有没有时间给我上课。

祝您以及全家安好！

爱你的抗抗（Louisa）

此后，我们还结识了更多爱好语言的朋友，有来自美国的Diane Collard（一个18岁的美国小女孩，她是堪萨斯州的中学生，会说英语和西班牙语）、以色列的大学生Ariel Cohen、来自墨西哥的Arturo、西班牙的Daniel、墨西哥的Gabriel、瑞士的Hans、法国的Jay、美国的Josh、马耳他的Leontine、秘鲁的Leslie、委内瑞拉的Ricardo、波多黎各的Rosimar等。他们中大多数都是大学生，每个人都掌握好几门语言。最了不得的是23岁的哥伦比亚的Gabriel，会说7种语言；还有64岁的瑞士人Hans，会说8种语言。

他们每个人都对语言充满了兴趣,对他国的文化充满着好奇与敬仰。每一个人也都坚信,学习语言并不是一件很难的事,只要你热爱,方法正确,投入时间和精力,就能学好。

|西班牙语老师与学习素材|

由于网络语言交换受到空间和时间的限制,比如两地的网络速度、时差;而且坐在电脑前受到摄像头局限的老师,无法构建活灵活现的语境和大量需要的模拟动作情景来帮助孩子理解。随着时间的推移,我们越来越觉得视频上课的效果有局限性,于是决定采用效率更高、效果更好的面授课,即找外教来给抗抗上一对一的课程。之所以找外教,主要是因为我的外语学习方法对老师的要求比较高,不是普通大学外语专业的毕业生就能以母语化方式授课的。

然而,作为世界第二大通用语的西班牙语,当时在国内被视为小语种,西班牙语外教非常难找。

找到的西班牙语老师,大多是完全没有教学经验的留学生,他们中绝大部分人也都是沿袭传统方式给抗抗上课,让孩子背单词、学语法,中西翻译或者西英翻译。想找到一个能抛却传统,相信我并能按照我的理念教学的老师,着实不易。

折腾来折腾去,大约两年多后,我们幸运地终于找到了一个好的西班牙语老师,Shandy。Shandy的妈妈是中国人,她大约在5岁时被带到了古巴,在古巴长大,结婚生子,后回国寻根。一半中国血统的Shandy和妈妈一样有着很深的中国情结!本科毕业后到北京科技大学读硕士、博士,毕业后在中央电视台国际部工作,娶了清华才女,生了一个有3/4中国血统的中古混血儿子,他最大的梦想是有张中国绿卡!Shandy开朗风趣、勤奋守时,有责任心和耐心,也基本能按照我的方式教学,他一直坚持把抗抗教到出国前!

现在,西班牙语的学习材料非常容易找到,因为在世界上除巴西以外的南美国家,以及墨西哥和中美洲各国都是使用西班牙语的,加上美国几乎30%的人讲西班牙语,大部分英语动画片切换个音轨就是西班牙语的,至于阅读材料，Raz-kids中的西班牙语内容几乎和英语一样多。

葡萄牙语老师Valentino

1973年出生的Valentino Lau，是住在巴西圣保罗的第五代华人，他的姓写成中文应该是刘。他是一名供职于巴西航空局的机械工程师，祖籍广东省，他的祖爷爷奶奶辈儿在中国战乱时背井离乡，辗转逃到了当时的葡萄牙殖民地莫桑比克，吃苦耐劳，建立了自己的工厂，变成了当地的富人。20世纪60年代，他家的工厂遭遇了打砸抢，被充公。于是一大家子四散而逃，有的逃到了香港，有的逃到了葡萄牙。Valentino的爸爸妈妈新婚不久，和他的外婆一家一起逃到了同样说葡萄牙语的巴西，从头开始。

Valentino 除母语葡萄牙语以外，英语也是母语水平。因为从小被只会讲广东话的外婆带大，他的广东话听说能力也很好，但不会读写。尽管从没有在中国生活过，但他对中国文化充满了兴趣，坚持跟着一个在圣保罗开餐馆的台湾人学中文。性格方面依然像中国的大多数男人一样内敛、严肃。我们和他交朋友完全没有文化差异的感觉。

因为时间的关系，也考虑到葡萄牙语用得并不广泛，我们没有请老师上面授课。交换之初，Valentino 每周给我和抗抗各上一小时的葡萄牙语课，却只要求我给他上一小时中文课。我们和他互换语言的6年里，他很少请假，从没有迟到、早退过。一到上课时间，他的头像就立马亮了。有时候，他担心我们没有吃完早饭，或者没准备好，就在那里静静地等着我们呼叫他。

他没有结过婚，也没有小孩。在教抗抗之前，他从来没有教过任何一个小孩。可是他对抗抗的耐心和努力，让我们感动不已。每次给抗抗上课前，他都做大量的准备，如搜集葡萄牙语儿歌，都自己先学会唱。估计他过去的20多年都没怎么唱过歌，听着他捏着嗓子教抗抗唱儿歌，我都忍不住偷笑。上课前，他将"如师通"的课程内容做成PPT，给抗抗发过来，这样上课时就可以直接跟着他读了。他还跑到书店，花钱为抗抗买了大量的葡萄牙语书、DVD、CD，并从遥远的巴西给我们寄来。

我一直在寻找机会感谢他。遗憾的是，我给他寄过去的抗抗奶奶画的中国画、好朋友写的字，都被巴西海关给退回来了，原因是巴西海关觉得这些字画太贵重了，无法评估关税，让我哭笑不得！Valentino就这样教了抗抗6年。我们和他至今依然是线下未曾谋面的好朋友。

03 我想学德语,去德国学马术

如何将孩子的天赋潜能培养成特殊才华,取决于很多因素,比如驱动力、性格、成熟程度,还有合适的老师、教育资源等,不过时机也很重要。

2012年8月,伦敦奥运会开幕了,抗抗守着电视完整地看完了马术比赛。那一年,德国马术队获得了团体冠军,抗抗被德国队精湛的骑术折服,肯定地对我说:"妈妈,我想学德语,去德国学马术。"她想学,我就支持!当时抗抗正在学西班牙语、葡萄牙语和法语。考虑到时间分配的问题,我们放弃了法语,改学德语。

|四年德语,八位外教|

根据之前找西班牙语老师的经验,这次我希望能找个发音好,德语母语化程度高,教学理念不陈腐、有激情、有想法的国内老师。结果,一因为我完全不懂德语,无法鉴定;二也没有别的德语学生和家长的口碑推荐,所以只能继续找外教。

德语外教比西班牙语外教更难找。至少说西班牙语的国家多一些,在中国的留学生自然也多些。可是世界上主要说德语的国家,只有德国和奥地利。这两个国家在中国的留学生少,来中国工作的,也大多在汽车企业工作。他们工资高,没有做德语兼职教师的需求。这样,我们一边自学,一边找老师。回想在抗抗学德语的四年多时间里,我们陆陆续续换了八位德语老师!

印象最深刻的一位,是我们在2013年3月通过家教机构找到的在北大学习的德国学生。这位德语老师的中文非常好,有丰富的教成人学习德语的经验,她把这套经验用在了抗抗身上。第一堂课,她用中文教学,把德语数字写

在白板上,要求抗抗一边读一边将意思用中文说出来,我不赞同这样的教学法。我认为儿童学习语言,跟成人是不一样的。他们强大的读图能力、听力思维、感性思维、模仿能力等,完全可以让他们通过母语式的学习方法,事半功倍地掌握一门新语言。我把我的想法跟德语老师反复沟通,但她坚持己见,我们只好终止了合作,抗抗继续自学。

第二位德语老师也是中介找来的,一个"沉默是金"的德国人。我向他说明了我的方法,请他用动画片教学,他干脆就让孩子课上看动画片,自己一句话不说,看完大约一集后让孩子讲故事情节。抗抗还没有学多久,怎么可能用德语表达出来?孩子很沮丧、很被动。

第三位是在德国大使馆工作的一个土耳其德国裔女孩,在我的指导下,非常配合地按照我的方式,根据我提供的素材,一句一句带孩子读,结合生活反复应用以帮助抗抗理解。孩子非常积极,觉得课堂生动有趣,进步自然也就非常快。这位老师给抗抗上了大约一年的课,因为中介机构卷钱跑路,大家只好终止合作。

之后，我不再委托中介，而是托朋友找附近的德国留学生，他们没有太多的教学经验，更容易沟通，并能按照我的教学理念实施教学。第四位老师，是在北大的德国交换生，上了三次课后，病了，回德国了；第五位、第六位、第七位都是北大的德国交换生，他们都能按照我的要求和我提供的材料，认真地上课，可惜他们的交换期是一学期，最多两学期，所以都是上一位老师上课到1月份或2月份就停下来，回到德国后，在下一届来北京的交换生中帮我们物色一个，大约3月中旬到位。

抗抗出去读书前，教抗抗的已是她的第八位德语老师。这个德国大男孩刚来时，很惊讶于抗抗的德语听说读写的流利程度。他说，抗抗德语的听说读写能力，和同龄的德国小孩的水平差不多。

|抗抗学德语的方法及学习素材|

2017年上半年，因为申请德国学校的需要，抗抗在三个月内连续参加了歌德学院的德语等级B1、B2考试，都

是一次性通过。B1阅读80分、听力83分、写作79分、口语92分。B2考试也是听力口语21.5/25（总分25分，考了21.5分），阅读一般，只是语法部分差点不及格，因为她确实没有进行过语法训练。好在她到德国念书的第一年，会在语言学校学习一年，语法方面会得到相应的训练。

这四年，在频繁换老师的情况下，我们一直坚持每天自学。她的第五语言，能考出这个成绩，主要得益于，听说应答自如，能阅读德语小说，能用德语与老师进行日常交流。她自己不太满意这个成绩，但我其实是很欣慰的。

抗抗学习德语的方法如下。

1. 听说。每天看德语动画片至少半小时，跟着视频边听边模仿。每周一次课跟着外教老师一句句模仿、应用。

2. 阅读。说得比较流利后，从网络上找了各种德语绘本等书籍，在老师的引领下阅读、讨论。

3. 语法。跟着外教老师上课，进行一对一的交流。在交流过程中，如果出现语法错误，老师会提醒她修正。德语的语法非常难，尤其是对抗抗这样感性思维比较发达的女孩子而言。但是我相信她到德国上学后，随着听说习惯的日常化、阅读量的增加，形成如德国小孩那样的条件反射式的语言习惯后，对语法的敏感度也会增强。

4. 写作。德语和英语类似，西方语言基本上会说就会写，阅读量大了之后，只要爱写，写作水平就会越写越高。

德语因为使用国家相对少，素材比较难找。当时我们在网上淘了很久，也就找到《巴巴爸爸》《名侦探柯南》系列、宫崎骏的动画电影系列等光盘。不过我相信，现在网络上德语的资料要比抗抗初学德语的时候丰富得多。

除此之外，我们使用了"如师通"软件、iPad上搜索的一些德语App等，并通过德国亚马逊购买了一些适合抗抗的书籍。2013年，我带着抗抗去了德国，参加马术夏令营，她第一次真切地触碰了自己的马术梦想。

很多孩子说起梦想来，就像是他们在路边随手摘下的一朵小花，夹在耳边装饰一下自己，就那么轻巧地一摘、一夹，然后不知道什么时候就丢了、掉了、忘了……那朵花还未在他们的心里真正地绽放过，就在风中枯萎了。我想让梦想根植于抗抗的心中，成为她不灭的灯塔，那么她必须去德国亲身体验，去确定那是不是她真心想要的。后来我们在德国的乡村马场，度过了难忘的20多天，她确定了自己对马的热爱。为了未来能够到德国学习马术，她更加投入地学习德语。

第二部分
Lulu的母语式语言学习法

美国语言学家乔姆斯基老先生写过一本《语言天赋论》,认定每个身体正常的人,生而有学习语言的天赋,我们人类的大脑为此做好了一切准备。只要是身体健全、智力正常,都具备学习语言的潜能。抗抗能学多种外语,我相信几乎所有的孩子都能做到。也就是说,我们普通的中国孩子,只要能说中文,方法得当,就能学好任何一门外语,甚至掌握多种语言。

04 母语式语言学习法

我把抗抗学习语言的方法,称为"母语式语言学习法",我相信,这种方法适合于学任何一门语言。而且这套语言学习方法,即便父母不懂外语,在家庭中也能实施。以英语为例,大致分为四个阶段。

|第一个阶段:视听阶段|

我们来一起回想一下孩子学说话,也就是学中文的过程吧!我们的小宝贝在出生后很长一段时间是不会说话的,突然有一天他们就让我们惊喜万分地发出"爸爸""妈妈"这些音,逐渐地说出更多的词、整句话、成段的话来。

这是因为,我们人类的胎儿,在妈妈肚子里7个月大的时候,就已经发展出了听力,出生后视力也在飞速发展。老天这么安排,就为孩子学习语言提供了充分的条件。在不会说话的那段时间,他们在中文的语言环境中,无意识地被熏陶着,通过听和看从环境中吸收了大量的中文的声音元素,存储在大脑中。在这个过程中,他们通过生活场景验证了一些声音元素与真实生活的联系。这意味着小宝贝们感受到了一部分声音是有意义的,当他们本能地把这些音发出来时,发现周围的人有回应。于是聪明的他们就感受到了这部分音的意义并掌握了这些词,用来作为帮助自己实现某些愿望的工具。自然而然地,孩子反复使用这些词并学会了更多的词、句,就进入到了"说话"的阶段。

分析孩子学习中文的过程,我们就会发现:每个正常孩子的身体里,都蕴藏着学习语言的能力,他们在出生后,在生活中不知不觉地听啊、看啊,然后有一天,他们

就开始说话了。既然人类是以听和看的方式开启母语学习的,那么让孩子学一门外语的时候,我们也从视听开始。

在视听阶段之初,家长要做的事:每天给孩子看动画片,听英语歌曲。

这个阶段的本质是:在中文的环境中通过视听材料模拟出一个英语的环境。让孩子不断从环境中吸收英语的信息,培养出孩子的英语思维。

当家长考量了动画片的内容品质,根据孩子的兴趣,选择了一部动画片之后,要把这部动画片持续地让孩子"视听"下去,也就是让孩子反反复复地看视频,反反复复地听音频,这样孩子就能够深入地去吸收其中的语言信息。如果所选动画片还有相应的点读书、绘本可用,那就更好了,有助于后续帮助孩子过渡到自主阅读。

孩子的英语思维发展的标志就是:孩子的嘴里开始往外冒他在动画片里、歌曲里听到过的英语单词、句子,开始哼唱一些英语歌曲了。这时候,就可以利用本书"父母不会英语,怎么带孩子说"这个部分介绍的一些方法,鼓励孩子多说。

需要说明的是,视听阶段是贯穿整个英语学习过程的。在后续各个阶段,大量的视听输入都是必不可少的。也就是说,即便进入了阅读、写作、综合应用阶段,还是应该给孩子看和听的材料。当然,视听用的材料就不一定是动画片了,如果孩子对优质的纪录片、电影、电视剧感兴趣,那么就不妨给他们提供营养更丰富、更加适合他们认知能力的视听材料。

BBC和Discovery的大量纪录片,还有一些优秀的英剧、美剧,优质的获奖电影,都是很好的学英语的视听材料。

|第二个阶段:阅读阶段|

孩子小时候能说话了,他们天然喜欢听故事。当他们把读音跟书上的汉字建立了联系之后,他们就能够自己读书了。所以,当孩子看过了大量的动画片,时不时往外冒英语句子了,你就可以尝试着给他阅读材料。

阅读阶段，家长需要做的事：

a.用有声可视材料，逐渐培养孩子的阅读习惯，慢慢过渡到自主阅读；

b.给孩子提供合适的阅读材料，安排固定的阅读时间，为孩子提高阅读能力提供支持。

这个阶段的本质是： 在孩子英语听说思维发展的基础上，进一步发展出英语的认读思维。认读思维发展出来之后，给孩子提供合适的书籍，孩子就会兴致勃勃地去阅读了。

开始带动孩子阅读时，一定要选择适合孩子年龄、认知、理解能力和英语水平的阅读材料，每天陪他一起阅读一段时间，循序渐进地增加阅读量。随着阅读量的增加，孩子阅读水平、理解能力自然也会逐步提高。英语中那些高频词，就会反反复复地出现在阅读的过程中，如同滚雪球一样裹进了孩子的认知、记忆里。

现在，在阅读的早期，我给孩子们使用Raz-kids的分级阅读材料。随着学习的深入，进入高级阅读阶段，我们的阅读会过渡到英语儿童读物,如《哈利·波特》《小屁孩日记》《神奇校车》《纳尼亚传奇》等原版读物。到这个阶段,孩子基本上就会在兴趣的驱使下阅读下去了。随着孩子的成长,阅读的深入,就会进入高级阅读阶段。孩子差不多处于六年级、初中阶段时,我给他们的阅读任务会包括:每天的英语新闻、大部头的英语小说如《达·芬奇密码》《权力游戏》等。

需要注意的是,进入阅读阶段的前提是:要积累1~2年的每天1小时以上的视听量,换算一下,相当于需要积累300~600小时的视听量。如果每天的视听量增大,时间跨度会缩短。

对于想学一门外语的孩子,在该种语言的听说能力没有建立起来之前,我建议不要过早进行阅读。因为根据人的思维发展规律来看,认读思维一旦发展出来之后很容易被频繁使用,听力思维和图像思维就会被抑制,进而退化。

其实过早地进行阅读,即使在自然拼读的帮助下,能生硬地阅读,脑海里没声音和图像(即情境模式),也不太容易理解句子、文章,效率会比较低。这就是为什么传统的英语学习中，用中文翻译来帮助理解英语，对大多数人而言学习效果不佳的原因。

 |第三个阶段：写作阶段|

写和说一样，也是大量输入后，孩子产生了表达愿望的必然结果。孩子们读过了许多书，这些内容结合他们在现实生活中的场景，和他们的想象一起发酵，最后会在他们的小脑袋中产生出属于他们自己的表达。他们看到在书中别人把想法记录得这么有趣，滋生出"我也可以把自己的想法记录下来"的念头时，"写"也自然而来。从这个过程中，我们能看到语言是一种工具，是联系人的内在思想与真实世界的工具。

孩子们会在学校里学到字母、单词的书写方式，学到一些语法知识，这些将会成为他们用英语写作的基础。当然这些书写技能和语法知识，在家庭中经由家长引导，孩子也能学会。

在写作阶段，家长可以做的事：鼓励孩子用英语写作，比如写日记、Email，自己创作小图画书等。

这个阶段的本质：从口头语言能力，发展到书面能力。**家长的引导重点**在于将书面能力日常化，成为孩子表达自己的习惯，让惯性推动孩子继续将英语的表达能力深化下去。

随着年龄的增长，以及学校和课外班老师的要求，加上自己的渴望，孩子们写得越来越多，单词的书写方式、语法知识，这些也会逐步完善。

到了这个阶段，孩子的听说读写都没有问题了，应对学校的考试也如同小菜一碟了。如果家长能在孩子12岁之前引导、帮助、支持他们实现这个能力，孩子的英语学习就很轻松了。

|第四个阶段：综合运用阶段|

到了这个阶段，孩子的语言能力已经非常好了，我们可以利用网络资源来帮助孩子把语言这门工具利用起来，

帮助他们形成好的思维，拓展知识、眼界和心胸。

在综合运用阶段，家长可以做的事：利用网络资源，或者在现实中，为孩子提供更多的应用语言的机会。

这样说比较抽象，以我的教学为例来说明可能会清楚一些。到我这里学习的孩子，我会带领他们学习一些英语的网络课程，如可汗学院的课程；给他们指定阅读材料，比如新闻、各种原版小说如《达·芬奇密码》《上帝的战车》《权力游戏》等，让他们自主阅读，结合我的认知和视频资料，如纪录片、电影或电视剧来讲解，帮助他们理解；组织他们一起讨论、展示，这样来实现高级阶段的应用。总体来说，这个阶段，他们自主学习、讨论、展示。我并不教他们，我只是引导。而且在这个过程中，我们是教学相长的。

家长们也可以做类似的事情，在网络上寻求结伴学习的家庭，让孩子们形成学习小组，让孩子们一起讨论、展示，让他们共同成长。

在综合应用阶段，孩子们学习的当然已经不仅仅是英语了，更多的是用英语学习其他的东西，比如各门在校课程，比如当时学校课程中没有深入涉及的历史、政治、经济、哲学、科学等，且学习过程中始终贯穿着"自主学习"的精神。我的学生 Anglina，当时是北大附小现在是清华附中9年级的学霸，跟随我一对一学习后，跟她妈妈讲："Lulu 不是在教我们折纸飞机，而是在教我们开飞机。"是的，我希望跟我学习的孩子们，和抗抗一样，能在学习过程中获得驾驭梦想的能力。

  以上就是我的这套"母语式语言学习法"的主要内容了。需要说明的是，这些阶段，并不是相互割裂的，越早的阶段越基础；基础越深厚，后面的综合运用越得心应手。因此，在任何阶段，视听输入都是必要的；一旦孩子能够阅读了，就应该让阅读成为终身习惯，比如每天读一些英语新闻或书；一旦孩子能写了，就应该让写作贯穿于每天的生活，比如每天写点英语日记，发英语微信等。总之，一种能力一旦形成，就要真正用起来，让它们成为孩子终身相伴的好工具。另外，在任何阶段，有合适的老师辅导，为孩子创造听说读写的机会，都能提高学习的效率。

05 关于学语言的其他问题

|怎样背单词？|

靠背单词去掌握一门语言，就如同搬砖。我们搬了几千块砖头，即便堆成壮观的一大堆，如果不知怎么搭建，终究是废砖一堆，不会成为金碧辉煌的宫殿、直插云霄的高楼！

那需不需要背单词，什么时候开始背单词呢？我的观点是，享受阅读在先！也就是说，在孩子积累了1~2年的听说能力的基础上，引导孩子进入阅读，当孩子能享受阅读并大量阅读以后，考虑到考试需要，可以开始背一些单词。这个时候，背单词对孩子很容易，因为他们已经具备相应的思维能力、理解能力和阅读能力，对英语听说读写都具备了很高的敏感度。这个时候背单词，常用高频词一看就明白什么意思，脑海里还有各种应用这个词的情境，因此背起来，从心理上就觉得容易。

背单词有技巧吗？ 当然有了！100年前，德国有一位心理学家艾宾浩斯，他研究发现，人们在学习结束之后，遗忘就立即开始了。他还发现遗忘的过程有一定的规律，最初遗忘速度很快，往后会逐渐减缓。他根据实验结果绘出了表示遗忘进程的曲线，就是著名的艾宾浩斯记忆遗忘曲线。

这条曲线告诉我们，学了新的东西，在一天后，如果不抓紧复习，就会忘记得只剩下原来的25%，随后遗忘速度逐渐减缓，直到完全遗忘。所以我们背单词，反其道而行，就能牢牢记住这些单词。比如，孩子学了5个单词，分别在5分钟后、20分钟后、1小时后、12小时后、1天后、2天后、5天后、8天后、14天后分别复习一遍，孩子就会牢牢记住。目前也有一些英语学习软件运用了艾宾浩斯的理论。另外，背的时候，同时动笔写几遍，有助于避免提笔忘字、混淆相似的单词。

很多高频词，在孩子阅读过程中，会在不同的语境下多次出现。随着孩子阅读量的不断加大，认知水平的不断提高，自然而然就会理解并掌握这些词的用法。少数不常用的词，通过上述记忆方法，很容易就能记住；如果涉及专业词汇，如一些数学、物理词汇，那就是知识范畴而不是词汇的问题了。

怎样融入自然拼读？

我不反对孩子学自然拼读，但是反对在孩子还不具备听说能力前学自然拼读。因为这样学习，就如同强迫0~1岁的孩子在不会说中文前就去学拼音，他们完全不能明白自己在学什么。老师对牛弹琴，孩子们也会觉得枯燥。这样学习，很容易从一开始就在孩子们心目中留下了"外语很难""外语没意思"的印象，怎么可能让孩子喜欢外语呢!

自然拼读可以学,那什么时候合适呢? 建议在孩子具备了一定的听说能力,并有一点阅读基础时介入,在不影响孩子阅读兴趣的前提下,结合阅读内容,加入自然拼读。

引入方法:用有趣、押韵、朗朗上口的内容逐步引入。如《苏斯博士启蒙故事合集》(*Dr. Seuss's Beginner Book Collection*)里有这样一页内容:

So all we could do was to

 Sit!

  Sit!

   Sit!

    Sit!

And we did not like it!

Not a little bit!

带孩子读的时候，我们要提醒孩子关注 sit、it、bit 这三个词，引导孩子说出更多的含有 it 这种发音的单词，如 pit、armpit、muddy pit、hit、fit、keep fit、lit、wit、shit 等，鼓励孩子用这些词造出有趣的句子，甚至小故事。这样，孩子们就会印象深刻，不容易忘记。这样引导，久而久之，孩子们就能在日常的阅读中，总结出一些常见词的拼读规律。在我的课堂上，我会选择一些类似的有韵律的 Raz 故事，融入自然拼读。

也建议给孩子看一些适合学习自然拼读的动画片，如 *Alphablocks*、*Phonic Kids*、*Sight Words* 等。

什么时候学语法？

我为什么不主张教小孩子语法？ 从语言的发展来看，不是先有语法，然后人们再依据语法来表达的；而是在人们表达的基础上，为了研究或者教学方便，总结出来的一些通行的表达方式作为语法的内容。我的母语式语言学习法中，关于语法的理念是，在孩子具备较好的听说能力后，当对口头表达和书面表达要求更高的时候，再进行语法的训练。语法不应该成为小孩子一开始学习外语时就学习的内容，否则会成为语言学习的拦路虎。孩子们开始学语言时，不要在意语法，不要怕错误，想说就说。

正如我们学习中文，5岁以前，孩子们就是听说表达，5岁后孩子的认读思维逐步形成，进入学龄期后，强化阅读，孩子开始学习读写，语法的训练结合课文在二三年级以后进行。这个时候，良好的听说能力，大量的阅读帮助孩子建立了一种"知其然不知其所以然"的语言本能，在老师的引领下学习，逐步"知其然也知其所以然"，让语言表达，尤其是书面表达更加精准、丰富。

有人会担心，孩子一开始不学语法，以后会不会英语成绩不好。这一点也不用担心，比如我有几个学生，在初二或者初三这个年龄段，英语都是班级甚至年级的前几名。去年，我给他们做雅思题试了试，5个孩子都在6.5分以上，其中14岁的Angelina三次模拟雅思考试都在8分以上。他们跟着我学习大约5~7年，每周1~2个小时的课。我没有要求他们背、写过单词，他们的语法知识，是由在校的英语学习来补足的。用母语式语言学习法最好的地方在于，他们都收获了对英语的兴趣，把英语的听、说、读、写、用日常化了，真正收获了使用这门语言的能力。这些能力带来的"红利"对孩子而言是一生的收获，而语法、词汇带来的成绩往往是一时的，我最不希望孩子们因为语法、词汇的学习比较枯燥而丧失了对语言学习的兴趣。在不影响语言学习兴趣的前提下，学习语法我并不反对。

高级阅读阶段，可以不视听吗？

有些家长觉得，到了孩子能大量阅读的阶段，就不用浪费时间在视频和音频内容上了。一是，伤眼睛；二是，如同我们不愿意让孩子看中文电视一样，浪费时间。但是我们忘了一个前提，那就是，我们缺少英语的日常环境，必须靠视听材料去补足。

我在教学中观察到，如果放弃视频和音频输入，只是阅读，孩子的听说敏感度、阅读理解能力都会退化。最直接的表现就是：朗读的时候，开始结结巴巴一个词、一个词地吐，断句也断不到正确位置上，语言能力出现明显下降。就像新闻中，那个二十岁开始被困在印度，几十年没有听过乡音，而慢慢听不懂、说不出中文的中国老兵一样。

|高级阅读阶段，看什么视频？|

这个阶段孩子可以看的视频可以更有深度，能为他们提供更丰富的精神营养，如BBC、Discovery的大量纪录片，如TED的演讲；也可以结合他们的阅读内容，选择视频内容。

比如我带孩子学Raz中的 *Egypt*（埃及）、*Ancient Egypt*（古埃及）这两本书时，我就要求孩子们去看奥斯卡获奖大片《埃及王子》，让他们享受大片的同时，对埃及的地貌、历史、宗教、文化有一个视觉上的了解。

带着孩子们读《纳尼亚传奇》《哈利·波特》《权力游戏》《达·芬奇密码》时，都会要求他们提前看相应的不带中文字幕的电影、电视剧。这样在阅读这些书时，他们的脑海里是带着画面的,有助于结合故事发生的历史文化、自然环境因素,来理解内容。

优质的视频教程和大量适合孩子的年龄和认知的读物,不仅仅能提高孩子的听力水平,还能增强他们的认知能力,丰富他们的知识,逐步拓展孩子思维的广度和深度。

06 学不好外语,不是孩子的错

为什么很多孩子学习外语,家长们一筹莫展呢?在过去有两大原因:一是父母自己不会说;二是周围没有语言环境。

网络发展到今天,无穷无尽的教育与娱乐资料可以共享的今天,父母不会说和没有语言环境已经完全是站不住脚的借口了。**最根本的原因是:这些家长,他们没有去深思语言的自然学习过程,他们的思维被自己以前学外语的老方法禁锢了。**他们以为从背单词开始的方法才是学语

言的唯一方式,却不知道语言学习根本不用头悬梁、锥刺股,孩子可以开开心心地学好外语。

学不好外语,不是孩子的错。我通常会建议家长们静下心来,仔细想想孩子是怎么学会我们的母语的。在孩子学习中文的过程中,你是用什么语言给他们翻译的?你有没有一个字、一个字的要求他们去背?

在没有借助任何其他语言的翻译、没有背字词的情况下,大多数孩子,为何能在1岁前后,就能听懂大人的话并开始说话?为什么有的孩子2岁多就可以讲故事,5～6岁孩子就开始阅读,7～8岁时大部分孩子就可以自主阅读?这一切的变化,那么自然。为什么到了学外语的时候就这么难?在生活中,很多学习了十几年英语的大学毕业生,见到老外也憋不出几句话。如果用以前的老方法背单词、学语法学习英语十多年,依然听不懂、说不出,你如何期待孩子还用这种大家习惯的方法能把外语学得口若悬河?

很多家长,为孩子学语言,报了知名的培训班,督促孩子按照要求学自然拼读、背单词、抄写,强迫孩子去听老师要求的无画面、无情景呈现的"天书MP3"或老师的上课录音。他们不知道,自己正在削弱孩子的语言天赋,抹杀孩子对语言的兴趣。他们完全忘记了孩子是怎么学会说中文的,以及在孩子学中文时,他们作为教育实施者,曾经怎样为孩子的每一点进步而骄傲过!

|学好外语的三大要素|

语言学习很难吗?当然不!我相信所有孩子,只要能学会说中文,就能用同样的方式和同样的时间周期,学会任何一种其他语言,而且掌握听说能力所需的时间更短,毕竟3岁以后孩子的心智更为成熟。总结起来,**学好一门外语的背后,有三个重要因素:第一,正确的方法;第二,良好的习惯;第三,适合的老师。**

关于正确的方法,我的实践让我相信**"母语式语言学习法",就是语言的正确打开方式。**用这种方式来学习语言,就是模拟孩子学习母语的过程,孩子往往没有感觉到在学习,而是在做一些有趣的事。这让孩子始终有浓厚的兴趣。有兴趣,就有动力持续地做下去。

对于小孩子而言，良好的学习习惯，主要在于家长的引导。英国神经学家丹尼尔提出过一个"一万小时定律"：**在一件事情上若能持续用功达到一万小时，假以时日，就能成为这个领域的专家。**一万小时对于成年人而言，相当于在一件事情上，每天训练3小时，持续训练10年。但对于孩子而言，这个时间可以大大缩短。我们能看到一些小孩子四五岁就能自己阅读、写字。就是因为孩子大脑的学习能力，远比成人高效。

所以，作为家长，我们要做孩子人生的引导者、教育的掌舵者。好好珍惜孩子一生中学习能力最强的那十几年，在孩子意志还柔顺、愿意听从大人指导的年纪，就带领他们把语言学起来。具体的做法如下。

每天固定一段时间，让孩子看外语视频（动画片、纪录片、电影、电视剧等）、听外语的音频（视频原声、歌曲等），并进行外语阅读（故事、小说等）。长期坚持。

比如，每天晚饭后一小时内，看英语视频；或是每天吃饭的时候，听英语歌曲。具体做什么，根据孩子所处的语言学习阶段而定。坚持推动孩子做一段时间，当孩子从这些事情上获得了快乐之后，他们自己就会喜欢上这些事，也就自然形成了语言学习习惯。

适合的老师，意味着这位老师能使用正确、灵活的方法引领孩子，让孩子对语言产生兴趣，并依据孩子的语言能力基础，创造出各种练习语言能力的机会，让孩子能够不断提升语言能力。好的老师，就像航行中的一盏明灯，孩子家长才不惶恐、不迷路，能够坚定不移地走下去。尤其到了写作和综合运用阶段，好的老师，他本身的文学修养、人生观和世界观，都会让孩子受益匪浅。这样的老师，可以是家长自身，也可以由家长去找寻。

这三大因素，提炼出来，其实适合任何一个领域的学习。从这个意义上讲，每个能学好英语的孩子，也都能成为优秀的孩子。

 阅读心得

读到这里,有什么需要记录的,就写下来吧!

第三部分
语言不是孩子的全部

我很喜欢长得漂亮、活得也漂亮的伊万卡·特朗普的一句话：成功，是制定那些忠于自己的目标，而不是完成别人对你的期待。我对抗抗的期望也是如此，我希望语言不是她人生的全部，只是帮助她自我实现的一种能力。

2017年7月11日，转机3次后，历时34个小时，我终于踏上了墨西哥的土地。这是多年来，我第一次独自旅行，探索我向往的印第安以及玛雅文明。

2月底做出这个决定时，抗抗说她来年就要去德国上学了，这个假期要陪爸爸在国内旅行。一开始我有些小失望，我只会一点点西班牙语，需要女儿做全程翻译的。当时，她幸灾乐祸的表情仿佛在说：哈，你不会说西班牙语，我不去你也去不成了吧！

我立马挺起胸说："我可以继续学西班牙语呀！谁也不能影响和左右我的目标，没有别人帮助，我一样能做我自己想做的！"说完这句话，我的心瞬间就被一种莫名的巨大喜悦淹没了。哈！我终于有机会"单飞"啦！

作为一个有丈夫、有孩子、有一群朋友求带旅行的人，单飞一直以来是遥不可及的梦，现在终于有机会实现啦！我终于可以一个人背起行囊、信马由缰、漫无目的地行走在异国他乡；我终于可以一个人在各种博物馆、艺术馆的宝库里流连徜徉；我终于可以一个人漫步街头，或毫无目的地在陌生国度里游走、探索；我终于可以一个人和当地人聊天谈地，分享来自不同国度的故事或者与路遇的来自世界各地的游客席地而坐，畅聊旅游、生活、艺术、历史、文化和世界热点问题；我还可以一个人坐在路边的露天咖啡馆，悠然自得地喝美味的咖啡，读我喜欢的书，写我的游记，或慢慢地欣赏街景和行人……没有小屁孩嘟着嘴、拉着脸不停地催促、抱怨，想想心里都美！

同时，我也为先生和女儿开心！因为六年来，我们娘儿俩一到假期就到国外游学，一走将近两个月，爸爸因为工作无法同行，每次都一人无奈地留守。抗抗到国外上学，我还能抽空去看她，爸爸却只能望洋兴叹、望眼欲穿了。为此，抗抗对爸爸十分同情，私下里总是跟我说："妈妈，等我爸爸退休了，你一定要带他出国旅行，他一个人在家里多孤单啊！"这次，抗抗提出这个暑假留在国内陪爸爸，是多么贴心！先生听到时，开心得两眼放光。嗯，他们父女，也将有一段相互支持、相互守护、亲密放松的相处时光了。

是啊，一家人本就该各自独立，有各自独立的时间和空间，有各自独立的爱好和梦想！一家人本应该相互支持、相互理解、相互包容、相互成就！而不是相互制约，相互牺牲！

2017年Lulu独自在墨西哥

到墨西哥的第一站是瓦哈卡。瓦哈卡是墨西哥本土文化气息最强烈的一个州,印第安人所占比例高达60%,远远高出全墨西哥平均值20%的比例,因此土著文化在这里生机勃勃!

每年7月的最后两个星期一,这里都会举办著名的印第安人民族文化节Guelaguetza。这个节日最早源于敬拜玉米女神的活动,随着历史变迁与西班牙殖民文化的侵蚀,变成了追忆历史,展示印第安民族文化,分享印第安人各部落农产品的大型庆典,现如今,吸引游客也成了目的之一。

我一个人走在瓦哈卡民族色彩非常浓郁的街道上,穿着印第安人的民族服装,和大街上同样身穿民族服装的人们一样,我的脸上洋溢着节日的快乐，身体不由自主地随着鼓点而摇摆！尽管我的西班牙语还是停留在起步阶段，但不会妨碍我和热情的墨西哥人交朋友，不会影响我和瓦哈卡州州长合影，不会阻止我凭着墨西哥人对中国脸的好感混入节日彩排以及终演现场，不会影响我品尝墨西哥美食，不会阻止我对不同民族、不同文化和历史的探索！

在墨西哥的30天里，我深深地沉迷在墨西哥悠久而神秘的古老文明里，陶醉在印第安人和玛雅后裔的质朴与热情中。在玛雅金字塔下，太阳金字塔、月亮金字塔顶上，我闭眼畅想着外星飞船悬浮空中的场景，突然在惶恐中睁眼：万一脑电波跟他们接通，他们会不会把我接走呢？！

还记得，那天我在太阳金字塔上坐了很久很久，俯瞰着整个特奥第瓦坎城邦，我为整个城邦的星象天文几何图形布局而震撼，为2000多年前古人超越现代人想象的不可思议的神秘智慧而惊异，为古代活祭在金字塔每一层四个角下的每个亡魂而悲伤……我多么希望能和先生、女儿在这里一起体验这个时刻！

同时，这将近十年的时间，我们一家人一起努力、一起成长的过程，在脑海里一幕幕回放……

07　初为人母的清醒

抗抗出生在2003年。知道她到来的时候，我正在准备美国一所大学的面试。一直以来我的梦想就是环游世界，梦想着到美国读书，通过留学，迈向更大的世界，背着行囊像三毛一样去流浪。我努力自学语言，无论多忙，都每天追美剧、浏览英语新闻、阅读英语小说，来精进自己的英语能力。那时候，我满心期待。

但是毫无预料的，我发现自己有了一个小生命，于是果断放下出国这件事。作为妈妈，这世界上有什么比孩子更宝贵呢？梦想我可以以后再实现。

要警觉爱太多

　　我的童年经历，让我的内心对生命的不确定性根深蒂固，固执地认为人有旦夕祸福。既然生命不知哪一刻就会休止，就应该只为今天而活，所以我一直都是努力过着一个貌似积极的悲观主义者的生活。在产房里第一次看见女儿的小脸时，内心那个躲在童年角落里哭泣的小小的、以为自己的生命是多余的我，瞬间长大了；我的生命有了意义，并因此焕发出光彩，感受到了前所未有的爱与光明；我的脑海里也有了明天的概念，有了努力创造美好明天的动力！

　　这个世界上的绝大多数父母都很爱自己的孩子，爱到想要满足孩子的一切欲望，爱到不知如何去爱。我也同样爱着自己的孩子。我想，既然我把抗抗带到了这个世界，我和孩子爸爸不可能永远陪伴她，为她遮风挡雨，那么我最主要的责任，不是给她存下令她的未来衣食无忧的房产和存款，而是培养她良好的个人素质和生存技能，以及一种永不妥协的内在精神，有了这些，任何时候，她都是一个心里有明天，也坚信自己用双手能把握并创造明天的人。那一刻，对着抗抗天使般的脸庞，**我提醒自己：不要担心爱不够，而是要警觉爱太多！**

|妈妈，我们换换吧！|

2005年夏天的一个中午，窗外树上的蝉儿毫无倦意地嘶鸣着，我和抗抗一起躺在床上准备睡午觉。2岁的她突然说："妈妈，我们换换吧！"

我好奇地说："换啥？"

她说："我当妈妈，你当抗抗！"

我很诧异，也觉得很神奇，但还是假装镇定自如地说："好吧，换换吧！"

我刚说完，手里的书就被她接过去了。只见她躺在床上，像模像样地双手举着书，聚精会神地假装读着，显然已经进入角色。

我觉得非常有趣，煞有介事地奶声奶气地说："妈妈，我想喝奶！"

她淡淡地说："等妈妈看完！"

我推了推她，口气有些催："妈妈，我想喝奶！"

她很不高兴地看我一眼，很不耐烦地说："等妈妈看完这段！"

我假装很不开心，带着哭腔，使劲推了她一把，口气强硬地说："妈妈，我想喝奶！"

她把书"啪"一声放在一边，毫不犹豫地翻过我的身体，"啪啪啪"，小手给了我屁股三下。

我们两个同时忍俊不禁，在床上翻滚着大笑起来。

这件事后，我的心情久久不能平静。孩子是父母的一面镜子，不仅仅是相对站立、全面复制的镜子，还是互动作用的两个个体。为了给孩子树立一个好的榜样，我开始一日三省，重新审视我的一言一行。

我想起以前看过的一段话，大意如下，与大家共勉：

作为父母，我们要活出孩子钦佩的样子，在灵魂和精神上担当他们的引领者。如果希望孩子走得远，我们就应该走得更远；如果希望孩子不怕困难、积极上进，我们自己就该做不怕困难、积极上进的强者……

作为父母，我们不是审判者，不要站在孩子的对立面；我们应该是引路人，是榜样，是同学，是朋友。

试想，如果你站在最低的台阶上，即便使出全身力气把孩子往上推，不过是把他们推到高一点的台阶上。你很快会发现，以你不进步的气力，只有三个结果：一、你推不动，孩子说，你都不努力凭啥让我辛苦努力；二、如果孩子乖，听话点，最多能站到比你高一点的台阶上；三、如果孩子积极努力靠自己，他的成长高度超出了你可助力的范围，你就只能无奈地看着他们远去的背影，无法同行。

真正懂教育、爱孩子的家长，不会直接向孩子提要求，而是通过不断地提升自己来创造积极向上的家庭氛围，以榜样的力量，暗示并带动孩子，实现人生目标。这样，无论孩子走多远、站多高，你都是孩子心中那巍巍峨峨的泰山！

# 08　辞职回家带女儿

因为童年的经历，很长一段时间里，我都在心底不断地问：什么样的父母才会只在乎自己的利益，甚至不惜拿自己的女儿去换取？我对自己发誓：如果我有了孩子，无论是男孩还是女孩，我永远不让她过一天被嫌弃的日子。我要为她的生命抗争，为她的生活抗争，为她的平等抗争，为她的自由抗争，更为她的梦想去抗争。我要让她感受到，自己的生命是对这个世界不可或缺的祝福，而不是雷同而多余；我要她在父母的引领及支持下明白，生活中也会有艰辛，但每一天、每一个坎坷、每一次努力都因追求自己的人生目标而富有意义。

随着抗抗长大,时间终于来到了一个坐标,让我兑现自己的誓言。

 |职场清零,回归家庭|

2007年到2008年上半年,我还在外语培训机构工作,因为是中高层,加上与人合伙创办的一个英语培训小机构刚刚起步,还要给学生上课,非常忙碌,孩子几乎顾不上。同时,我的英语教学理念和踏实肯干得到了新东方投资公司股东的认可,他们主动找上门,希望我加盟新东方,负责开展新项目。如果达成协议,工作压力会更大,自然会更加忙碌。在各种工作与女儿难两全的纠结挣扎中,进行了大量的阅读和思考后,我突然想开了。抗抗5岁了,她前面的5年正是需要教育、引领的年纪,有相当一部分已经因我拼命工作而错过了,为什么还要继续错过女儿后面的成长呢?为什么不把我的所有价值,发挥到我的家庭和我的孩子身上?我给了她生命,如果没有能给她好的教育,她不能拥有自主自立的人生，不也是一种放弃吗？与那些遗弃孩子的父母有何本质不同？女儿的成长是否顺利，她的教育是否成功才是关系我和她、我们全家的幸福所在。综合考量后，我下定决心辞职，将原来的职场清零，披荆斩棘，为孩子和我自己开辟一个不一样的未来。

当时孩子爸爸不同意，在各种沟通无效的情况下，我还是辞职了，放弃合伙，放弃与新东方的合作洽谈，毅然回到家中。

辞职的当天下午，我从幼儿园接抗抗回家，对她说："妈妈有个梦想，就是周游世界，从今天起，妈妈要为实现自己的梦想而努力了。"

女儿立即着急地说："可是我想和你一起周游世界啊！"

我说："你的英语还不太好，怎么办哪？"

女儿说："妈妈，你等等我，我学好和你一起走。妈妈，我不去幼儿园了，在家跟你学行吗？"

正中下怀，我偷着乐了："好，妈妈明天去给你办退园手续，我们一起学习。你要努力，如果两年内，你学不好，妈妈就自己去环游世界了。"

于是，我们的远期目标和中期目标就这样产生了。

|辞职后的困境|

因为习惯于做一个积极的悲观主义者，不喜欢管钱，不喜欢存钱，不喜欢投资。辞职时，家里的积蓄所剩无几，孩子爸爸很不高兴，这与他的长久以来对安全、稳定生活的追求太不一致了。如果仅仅依靠他一个普通工程师的收入生活，我们只能在贫困线上挣扎。我明白我们的经济压力，也早已想好了，教抗抗的同时，我可以做家教赚取生活费。暂时的困境，没啥了不起的！

辞职当天，我就准备好了招生广告。晚上吃完饭，外面电闪雷鸣，下着瓢泼大雨。当时的我，没有时间去等待，没有心情去畏惧，我只想解决问题。我带着5岁的女儿，深一脚、浅一脚地趟着水到周围小区里，一个单元、一个单元地贴广告。

第二天早晨,看到街边躺着被雷电劈断的树干,才知道昨晚有多惊险!但上天不负有心人,连续贴了两个晚上的招生广告后,我招来了三个学生,我有了辞职后的第一笔经济收入!后来我的教学效果口口相传,得到了更多家长的认可,学生也就更多了。家教的收入在此后很长一段时间里,成了我和抗抗的生活来源和梦想基金。

我把抗抗也从幼儿园带回家,孩子爸爸更生气了。他的脸上失去了笑容,下了班回到家,除了对我冷脸挑剔之外,其他什么也不做。还记得抗抗跟别人说:"我爸爸每天回到家就是生气,嫌我妈妈做的饭,这个太咸,那个太淡,这个太硬,那个太软了!"孩子不在的时候,我们很少说话。他打算通过这种冷战的方式,逼迫我回到他所熟悉的正轨上。

我理解先生的愤怒,他是个踏实、守旧的人,有我这样决绝的媳妇儿,他也挺不容易的。我没有时间和精力跟他生气,我告诉自己,首要的任务是根据抗抗的特质,按照自己的意愿来培养她。为此,我愿意承担一切家务、责任和后果!

这世界上一定也有很多妈妈,曾面临我当时的困境,为了孩子更好地成长,我们选择了一条孤立无援的道路,一路孤军奋战。如今回想起当时种种,心中已是风轻云淡,我感激我先生,感谢那时的困境,因为那激发了我的斗志。蹚过风雨、蹚过激流,我更加坚信:靠自己的力量,我们就能改变生活、改变命运、追逐梦想!

|我能,你也能|

教育说难也难,说不难也不难,关键就在于我们自己。这些年,我一直在努力提高我对世界、对人、对关系、对自己的认知;也一直在努力做一个具有开放思想的人,用欣赏的眼光去理解不同的生活方式、用开放的胸襟去接纳不同的见解、吸取不同人的思想来充盈自己;一直在努力做"我想,我能,我去做"的人。

最初的动力是要把孩子培养成人,逐步发展为和孩子一起飞翔。我相信,作为妈妈,我的认知、胆气和行动力,是孩子起步的平台,在很大程度上影响着女儿飞翔的高度和距离。所以，我不敢偷懒。我怕自己在自我教育中偷过的懒、缩回的脚步，都会折算成自己和孩子落后甚至倒退的步数。

还记得，刚回家时，我想在女儿的房间给她添置一套适合孩子使用的书架，但因为我从不管钱，所以手头钱不够，当时跟孩子爸爸要也不现实。于是，我花了点钱买了木板、小锯刀、砂纸、环保漆以及其他所需的材料和工具，发挥我的专业特长（我本科学机械工程），自己画图设计，自己拿着小锯刀，木板下面垫着椅子，一寸寸地咬着牙锯开，用砂纸细细地打磨……全身沾满灰尘，手上打满了血泡。三天内，最终给女儿做好了一套书架，至今还摆在家里。接着我又做了衣柜、书桌等家具。

有一年过年，在奶奶家玩，抗抗的大妈（婶婶）送给她一件姐姐小时候穿的毛衣。毛衣很漂亮，抗抗很喜欢，她高兴地说："大妈真是太厉害了，能织出这么漂亮的毛衣！"

我抓住机会说："大妈能做的，妈妈也能做到。"

LuLu给抗抗做的书架

Lulu 自己做的衣柜

Lulu 织的毛衣和帽子

从来没有看到过我织毛衣的抗抗不相信地问我："妈妈，你多少天能织出来？"

我说："你等着吧，一个星期，妈妈一个星期给你织出来！"我在网上找了编织教程，又买了毛线，凭借着大

Part 3 第三部分 语言不是孩子的全部

学时候学的一点打毛衣的基础,利用每天晚上的时间织。一个星期后的早晨,在孩子睡醒前,我把毛衣摆在了她的床头。

还有一次,在外面玩,抗抗看邻居小朋友有一顶漂亮的毛线帽,很喜欢。我说:"女儿,你瞧吧,妈妈给你织一顶来。"

抗抗说:"好啊,妈妈,我还给你一个星期的时间。"

我说:"不用,一个晚上就行了。"

深夜12点开工,一边查着网络课程,一边编织,第二天凌晨5点,我把一顶漂亮的毛线帽摆在了抗抗的床头。

在女儿成长的前五年,尽管我对女儿的训练、培养有着清醒的认识,但由于工作忙碌、时间有限,对女儿以身作则的影响非常有限。从我正式回到家那天起,我的职责就是:做个好朋友、好同学、好妈妈,做女儿"妈妈能,你也能"的精神引导者。我用行动告诉她:"任何事情,只要你想做,都能做到。"但如果我只是说,那么她只会明白这句话的字面意思,所以我必须做给她看。

Lulu的水粉画《我的一家》

和女儿一起在家的日子幸福流淌，我们一起玩耍，一起犯傻，一起学习；我和她一起笑，一起哭，一起满地打滚，一起看动画片，一起唱儿歌，一起读书、追剧。她是我的太阳，不断地积蓄能力，照亮着我；我是她的太阳，不断地积蓄着能量，也照亮着她。

她在不断成长、进步，我也做了很多突破自己的事。比如，抗抗学钢琴的时候，我靠着旁听，也弹到了汤普森第三册；抗抗学游泳的时候，当了40年旱鸭子的我，在旁边也扑棱着学会了游泳；抗抗学西班牙语的时候，我也自学，现在也能听懂一些简单的话；2016年从意大利佛罗伦萨参观了很多美术馆回来之后，我用8个小时画出了自己的第一幅油画等。

这些经历，让我感觉自己就像一座急待开采的宝藏、一眼突然开发的油井，连自己都不敢相信的潜力和才能喷涌而出。I can't stop amazing myself.（我都禁不住为自己惊叹。）

09 发掘抗抗的兴趣

2010年暑假,在从乌鲁木齐飞银川的飞机上,前座的一个6岁左右的俄罗斯女孩,嘴里一直发出"得噜噜"的声音,她在练习舌颤音。抗抗听到后,舌头也"得噜噜"起来。下了飞机,等行李时,俄罗斯女孩的妈妈迅速走到我面前说:"你应该让孩子学俄语,你女儿的舌颤音是天然的。你可不知道,很多俄罗斯人都发不出这个音,还需要做手术修舌头,我女儿都是练了很久了,这颤音才发得有点模样!"

4年前接待几个朋友,其中有一个法国女孩,和她会讲西班牙语的来自中国香港的男朋友;有一个说德语的瑞士女孩,还有我们在北京的朋友Karen和她的儿子。大家一起在餐厅吃饭,除了Karen的儿子和抗抗有时候讲中文外,大家都用英语交流。当他们知道抗抗除了英语外,还会讲德语和西班牙语时,香港小伙子突然用西班牙语问了抗抗一个问题,抗抗用西班牙语回答了。瑞士女孩紧接着用德语问了一句,抗抗抬起头来自然地用德语和她交流,三个朋友惊讶极了!法国姑娘跳起来兴奋地拉着我的手说:"这孩子在这几种语言中,完全是条件反射式的本能转换,是很难达到的一种语言状态,你应该大力培养。"

很明显,长期的语言学习,使得抗抗具备学习各种语言的能力。不过,我从来没有把抗抗的人生,预设为只是学习语言,我希望能发现她更多的兴趣所在,鼓励她做自己喜欢、热爱的事情。我相信,在每个孩子身体里,都潜伏着特殊的才能,孩子的潜在才能是永远沉睡,还是开花结果,父母才是最主要的决定因素。作为妈妈,我有责任为孩子创造机会发现自己,鼓励孩子培育及发展自己的特长。

比赛学游泳

我把抗抗从幼儿园接回家的开始那几年,最主要的任务就是创造条件让孩子认识自己。为了寻找出抗抗的运动爱好,我带着她做了很多尝试,看她到底喜欢什么。

第一个尝试的是游泳。当时正值夏天,我先带抗抗去学游泳的地方。5岁的她,看到游泳池里嬉水的孩子,很是羡慕,可是看到游泳班的老师把孩子们一个一个往水里扔,吓得怎么也不肯上游泳课。我知道抗抗不愿意上课,并非是不喜欢游泳,而是害怕老师的做法。于是,我找了个教练,给抗抗一对一上课。当着她的面和教练说好,不把她往水里扔。尽管这样,她还是颤颤巍巍地不愿意配合。

好吧!我这个运动细胞奇差、四肢协调性差上加差的40年旱鸭子,咬咬牙对她说:"我也学,教练教你,妈妈在旁边自学,看咱俩谁先学会!"明白了自学比跟教练学难度更大后,她接受了挑战。

站在泳池边,大学时学游泳的溺水经历瞬间袭上心头,天呐!这妈当得太要命了!努力甩掉那次溺水的恐怖经历,闭着双眼,我迅速把1997年在某电视台当编导时,在郑州60米高的蹦极跳台上,那大义凛然、视死如归的气魄翻上心头!和那次相比,这浅水区没啥了不起,更何况这么多老头老太太都游得不错,我有什么不敢的!后来,我就是在那些热心的老头老太太的指点下,琢磨着、试探着,居然经过一两天的练习就浮了起来!一看抗抗,她还在用浮板。有了进步,我就兴奋地向她显摆。她被我的热情感染,不再排斥游泳,积极地投入到课堂中。我克服了心理障碍,最先学会了游泳,她比我多学了几个泳姿。我们俩算是比成了平手!

|抗抗学马术|

学会游泳后,我们开始尝试新的运动:舞蹈,练了5节课,抗抗不喜欢,放弃;花样滑冰,练了不到两年,到空中跳跃旋转时,抗抗说太扭捏作态,不喜欢!好吧,这

是个天生的女汉子!

就这样到了2012年6月,抗抗8岁,我们又试了试球类运动:羽毛球,不喜欢;乒乓球,不喜欢;网球,不喜欢;跑步,不喜欢!我这个当妈的没招了,必须找出一项抗抗喜欢的、能长期坚持的运动!

想到抗抗自打读了《我的神奇独角兽》(*My Secret Unicorn*),对骑马念念不忘,我脑子一转:马术!我一提出来,抗抗立刻两眼放光:"妈妈,北京真有马术课啊?""有没有,查一下不就知道了。现在这个世界,只有想不到,没有找不到的。"我们上网一查,查到了很多马场的信息。

2012年的6月20日,依然记得那天的最高气温36度,一大早我带着抗抗到郊区一个马场,一路上孩子兴奋得难以自抑。到了马场,第一堂课就是枯燥地打圈、练起坐。第一个教练就像是北京周边康熙草原上为游客牵马的庄稼人(本来就是周围的养马人),完全没有教学所需要的语言表达能力和专业能力,和马儿以及抗抗都没什么交流,只会对着孩子说:"起!坐!起!

Part 3　第三部分　语言不是孩子的全部

坐！……。"很快，马场上尘土飞扬，没过多久马都热得打蔫了，耷拉着脑袋，脚底下磕磕绊绊！教练时不时地从地上抓起一把沙土，挥臂作势砸向马儿，嘴里说着："艾米，go！"

从8点半到11点半，上马连续3个小时。尽管离她之前想象中的策马飞驰相差很远，她也在教练单调的口令中不知疲倦地做着动作，那始终挺直腰杆的小身材像是长在马身上，汗水布满了专注的小脸，毫无倦意。从马上下来，她全身都是泥水，湿乎乎的头发更是糊在头皮上变了颜色，小脸晒得黑红黑红的。洗个澡，吃完午饭，她一头扎进臭烘烘的马厩，抚摸马厩里休息的马们并和它们聊天，仿佛这也是她的地方。下午3点继续上马，又是3个小时。连续一个星期，抗抗始终兴趣盎然、痴迷疯狂。直到一星期后，有一次中场休息，她才感觉到脚不舒服，脱掉鞋子，我接过来一看，一马靴的汗，倒在地上形成了一个脸盆大的水洼。

我原以为这么热的天、这么大的强度，抗抗会退缩。没有想到她完全没受到酷热的影响，就这样长在了马背上，每天练习6个小时。马场主、教练们和其他上完一个小时就走的孩子家长们都看呆了。我们都担心35度左右的高温会让她中暑，纷纷劝她休息吧，可她像是要补上9年的缺憾似的，通红的小脸上有着无以撼动的执拗。只好由她了！6天下来，她没有受不了，我的钱包受不了了。

我告诉她："咱们家的经济情况供不起这么大强度的马术训练，我们必须从长计议。"她委屈地同意了。抗抗的马术训练调整为一周两次，每次两个小时，这也宣告，我们从此"上贼船"了。

2015年，抗抗在北京马术联赛80公分障碍赛中获得亚军

抗抗学乐器

因为能拿到比市场价便宜一半的内部价，我在抗抗3岁时买了一架电钢琴，作为生日礼物送给她。大约一年后，也没多想就请了幼儿园的钢琴老师教她。开始一两年，也就是我辞职前，她在家根本不愿意主动练琴，全靠爸爸监督。爸爸按照老师的要求，督促孩子认谱，可是三四岁的孩子就是不会认，也记不住！经常搞得鸡飞狗跳，他爸爸几乎觉得自己家孩子心智有问题，整天唉声叹气！

我回家后，督促练琴的任务自然也交给我了。我就开始琢磨，一般这么小的孩子认读思维还没有完全发育，怎么能指望他们认谱呢？这时候他们的听力思维才是最发达的，是最应该发挥作用的，我心里有了主意。

我在电脑上找到她喜欢的曲子《粉刷匠》，对孩子说："你听听，然后自己弹出来，妈妈相信你行。"抗抗非常开心，听了一遍后说："妈妈，再放一遍。"两遍后，她在钢琴上流畅地弹了出来。

之后,我抽了个空,和老师谈了谈,希望老师以后不要苛求孩子认谱,而是鼓励她先听后弹。结果发现,任何一个曲子,只要老师唱着谱在钢琴上教她两遍,她就记得差不多了。第二天练习时,再用电脑听听曲子,她就能自己在琴上弹出来了。第三天时,只要我哼哼开头的曲调,她就主动去练琴了。

孩子的钢琴课效果好了,也就不排斥练琴了。为了带动她练琴,我自己也跟着网上的钢琴视频,专门学她正在学习的曲子。每次在她练琴时间前,我先练习大约半小时,她有时候听出我的问题,就跑来指正我,自然而然她就坐到了钢琴前,美其名曰教我;如果她不听我弹琴,我就兴奋地在她面前显摆,结果是:她坐在钢琴凳上抢着弹琴,要证明她比我弹得更好!

关于孩子练琴,我曾在微信文里看到有人说,哭着练琴和笑着练琴最终结果差别不大。我想,说这话的人只看到表面成绩,却漠视了哭着学的孩子内心日复一日的无助与挣扎;也忽略了笑着学的孩子因快乐而触发的激情灵感和学习的幸福体验。

抗抗学英语,是像学母语一样学习的,她听了大量的原版英语动画片和电影,这样的训练使得她的听力特别敏感,练就了她对声音的分辨能力和记忆能力。她能靠听力解决问题的,是不靠认读的。所以到现在为止,不管是弹钢琴、古筝还是手风琴,每一首曲子的曲调,抗抗都能记在心里。

仔细想想,其实音乐和语言一样,都是人类用声音来进行表达和交流的工具,主要是靠耳朵来完成,也就是听力思维方式。如果一开始就靠眼睛认谱来完成乐器演奏,孩子的耳朵就会逐步弱化对音乐本身的听辨和欣赏能力。不从听辨音符和音乐欣赏开始,而从认读和照本宣科开始,会磨灭孩子对音乐的热情和天赋。在我看来,这是本末倒置。30岁之后耳聋的贝多芬依然能创造出最震撼的音乐,是因为失聪之前大脑中已存有大量的声音文件。电影《海上钢琴师》的主人公1900,以及《八月迷情》的主人公奥古斯特·拉什都很好地证明了,学习音乐主要靠听力思维,而不是认读思维。

因为我们终究都不爱钢琴,在抗抗6岁时,弹了两年多以后,我们放弃了。在决定放弃钢琴时,我对她说:

"钢琴是妈妈买回来的,选择是妈妈做的。妈妈承担这个责任,所以放弃钢琴的事情,我不怪你!"

再后来,抗抗主动提出要学古筝,我让她考虑了半年,问她是不是真的想学。她说是。我就给她买了一架很贵的古筝,并表示如果古筝她学不到十级就放弃,这个钱,我将会从她的工资和零花钱里扣除。

尽管有这样的约定,但是学了两年之后,她好几次都表示不太想学了。这时候,我对她说:"这是你当时的选择,如果你今天放弃了,我有理由相信学习马术的结果也会是这样。那我就不会再支持你学马术了。去德国学马术的事情也可以告一段落,直接回学校和别的孩子一起学习去吧。"我把古筝和她最爱的马术绑定在一起,让她感受到每个人都应该为自己的选择负责,如果不负责就会失去别人的信任,也因此要承担相应的后果。

抗抗把古筝坚持了下来,在2017年取得了十级证书。除了古筝之外,她又学了手风琴,到去德国之前,她都在每天练习。

2017年，抗抗在汇报演出中演奏古筝

10　语言学习背后的训练

　　身边的朋友们认为我教育孩子算是成功的。其实，我不敢说自己的教育是成功的。如果说以占有社会资源多寡的世俗观念来评定人生成功，再以这样的人生成功决定教育是否成功的话，那我的教育离成功还很远，我也无意于这样去评定。我更愿意这样去想，人生既然是每个个体自己生活的过程，那么能做到尊重自己的内心选择、享受过程，就是成功。就像今天的我们，不是大富大贵，可是因为有着自己的追求而内心充盈、富足。

　　但是，如果教育的成功，是帮助孩子掌握必需的个性与才能，具备自我实现的各种特性，如：

1. 乐观、自信；

2. 清楚地了解并能努力培养自己的特殊才能；

3. 交流能力；

4. 解决问题的能力；

5. 与人相处的能力；

6. 目标设定与自我实现的能力；

7. 坚持不懈；

8. 懂得关爱。

在目前还没有突发事件来考验的情况下，按照这14年来她在这8个方面的综合表现，我感性地相信，理性地选择相信，我对她的教育是成功的！我特别骄傲的是，我们把第2点、第6点和第7点结合起来，形成了我们有目标、有意识的生活。

学知识并不总是一个快乐的过程，只有自己清楚自己受教育的需要和目标，并能克服惰性，坚持不懈地努力，才能获得更大的自我提升；同时，第1、3、4、5、8

条也很重要,如果只有知识,没有与人相处的能力,没有对别人和世界的关爱能力,没有抗挫折能力和解决问题的能力,她的未来也不会快乐和幸福!所以,我们不能只强调知识,而忽略人格的培养,忽略帮助孩子建立正确的三观。

在这里说说抗抗的语言学习背后,我们对她进行的各方面的训练。

身体素质:健康三小招

第一次做妈妈,没有任何经验,我只能从书本中寻找答案。我阅读了大量儿童教育书,泡国际儿童教育论坛,借鉴西方的一些养育、教育经验。在《教育漫话》中,约翰·洛克有这样的观点:人要获得幸福,必须先有健康的身体;要有所成就,也必须要有健康的体魄。得益于我认真学习总结,并努力实施以下几个方法,抗抗的健康状态没让我操什么心,这为她的学习、生活奠定了好的基础。

第一，衣服不多穿。我相信，婴儿从出生第二天开始，他们的身体对冷热的调节能力就和大人一样，不应该过度保护，而是让他们本能地感知冷暖，才有利于发展出自己的温度调节能力——天热了，毛孔自动张开散热；天冷了，毛孔自然收缩抵御风寒。这样，孩子才会更加健壮、健康。

我很注意不给抗抗穿很多的衣服。一般，大人穿多少就给孩子穿多少，甚至根据她自己的要求少穿一件。她的身体感知冷暖、自我调节的功能得到了调动，所以身体一直很好，极少生病。另外，没有人跟在后面不断地加衣、减衣、扯裤腿、拽袖子，让她从小就习惯于专注、自由、独立。

第二，从小喝凉水。抗抗出生后，喝水都是喝凉水（相对于热水而言，即常温水），冲奶也是用凉水，无论春夏秋冬都如此。这样做下来，抗抗从出生到现在没闹过肚子。有一次我们二十个人在农家院吃饭，十七个食物中毒，她是唯一没任何中毒反应的小孩。她喝凉水的习惯一直延续到现在。

第三，除非大病，少用药甚至不用药。孩子出生到六个月，是免疫能力最强的时候，这个阶段，抗抗有点小毛病时，我都是让她自己扛过去，这是为了充分调动她身体的自我修复能力，保护从母体带来的免疫力。这些年，抗抗很少生病，吃药的次数一只手就能数得过来。

我的这些做法，适合抗抗，未必适合所有的孩子，分享出来，只是给一点参考。在孩子的健康问题上，父母要依据自己孩子原有的身体特质，来寻找适合孩子的养育方式。

|独立意识：从小培养|

在我的养育观里，**孩子的独立性是要从一出生就开始训练的**。在这个过程中，家长在疼爱孩子的同时，要加入理性的思考，放下无谓的担心，从一生的长度来为孩子考量。要给孩子空间，要让他们的思想支配他们的身体，让他们享受到自我努力获得的乐趣，从而练就独立性思维、习惯和行动力。生活中，我们能观察到，很多人的独立停留在认知层面,道理都懂就是做不到,原因就是从小受到家长的过多保护,行动力弱。

从抗抗出生起,我就很注意避免过多保护。抗抗出生后,除了喂奶之外,其他时间我都尽量不去抱她,让她躺在自己的小床上,小床在我们的大床旁边。满月后,我在地上铺了一张大大的防潮垫,她除了睡觉以外,就在上面自由伸展。出门的时候,我也尽量不抱,把她放在小推车里,让她习惯于看前面,习惯于迎接迎面而来的风景。

抗抗人生第一句话:起来!

很多人,甚至专家都认为,吃手是孩子成长过程中的必经过程。但我的抗抗从小没有吃过手,因为她的手总是忙于探索,忙着努力去抓握她想要的东西。一两个月大的她,双手要忙着抱奶瓶、水瓶,我也会把发出音乐的玩具放在她需要翻身才能抓到的地方,不断地引诱她、鼓励她翻身去抓,没想到抗抗两个半月就可以自己翻身。之后,我们就把玩具放得更远,于是四个半月她就开始爬了,不到六个月就可以扶着床沿站起来,踱步子了。

我清楚地记得，有一天，她站在大床上，扶着小床的床沿，因为站不稳，一头扎进了小床里。我和爸爸异口同声地说："起来！"她哼哼唧唧地自己扶着床站了起来。这之后，她再感觉站不稳的时候，屁股立马下沉坐下来；然后抓牢床沿，对自己嘟囔一句貌似"起来"，又站了起来，再也没有摔过。等她慢慢不扶东西，开始尝试着自己走路时，也是这样，只是"起来"喊得更加清晰、坚定而响亮。

还有一天，她在餐椅上站着吃饭，不肯坐下来，小屁股在围栏上，左边坐坐，右边坐坐，又一屁股坐在托盘上，结果一头扎到地上。从那时开始，她再也不站在餐椅上吃饭了。

在抗抗的成长过程中，我总是感觉，孩子的能力被大人低估了，他们与生俱来就有一定的自我保护的意识和本能，比如，认人——不熟悉的人一抱就哭，在妈妈的怀抱里则很安静；还有在挫折中学习的能力，不管他们多小，就像抗抗，摔跤的疼痛让她学会如何保护自己少摔跤甚至不摔跤，这比父母一万次的提醒都有用得多。我们的过度保护，会剥夺他们成长中所需要的自由和学习的机会。

抗抗的身体各种指标都只是在正常范围之内，没有比别的孩子身体发育得更早、更好，但因为我们给了她充分调动自己身体去探索的自由，抗抗八个月就走得很好了。九个月的时候，有一天在操场上走来走去，旁边的一位老奶奶看她个头很小，就问我："这孩子多大了？"我告诉她："九个月大。"老奶奶惊呼："大家快来看呀，这有个九个月的小孩儿，走路走得可好啦！"一群人围了过来，有些人善意地提醒我，孩子过早站立、走路会引发罗圈腿。我笑笑，没有放在心上，因为我清楚，我和家人没有强行拉着孩子站立、走路，而是她的本能呼唤她去站立、行走，如果她的身体没有准备好，她就不会去做的。在我眼里，这些人的观念是过时的、荒谬的，违背孩子身体发育的自然需要的。事实上，现在几乎1.7米高的抗抗长着一双修长挺拔的腿，一点也不罗圈。

回忆起抗抗幼小时的事情，我和她爸爸都不记得她什么时候开始叫"爸爸""妈妈"的，在我们的印象里"起来！"是她会说的第一句话。

● 抗抗人生第二句话：自己来！

抗抗小时候，我们没有喂她吃过饭。她一两个月大时，我们把奶瓶塞到她手中，小家伙就抱着奶瓶往嘴里送了；抗抗五个月的时候，开始吃糊状食物，把碗往她面前一放，小家伙的小手就抓着往嘴里送了。嘴上、桌子上、衣服上、地上一片狼藉，她吃得那叫一个开心！我们两口子宁可打扫清洗，也不给孩子喂饭，因为不愿意剥夺孩子自主探索的乐趣；抗抗大一些，给她一个勺子，给她一副筷子，她都自己来。有时候姥姥实在看不过去，想给她喂，不会说话的时候她直接推开姥姥，后来会说话了，就说"自己来！"这是我经常对自己和对女儿说的话，也成了女儿人生的第二句话。

孩子一出生，就像一张白纸，他们的脑海中没有预设任何观念，我们尊重了抗抗这个小生命的天然愿望，鼓励她通过自己的努力去满足自己的愿望，让她充分地享受到自我行动的乐趣。

源于从一出生就开始的这些训练（这样的训练于抗抗而言是无痕的，但我们是有意识而为的），在抗抗的观念中,"跌倒了爬起来""自己的事情自己来"是理所当然的。这样的观念,一旦形成,影响是深远的。这些年,她的语言学习和各门功课的学习,都是依照自己的进度来进行的。不论是生活、学习,始终展示出超越同龄人的独立、自主。

一个生命,如果不依赖他人,自己就能独立撑起一片天,就不会那么容易患得患失、儿女情长,也就坚毅、不易摧折。

|爱的能力:养宠物|

抗抗五岁的时候,她想要养鸟,考虑到作为独生子女,她也的确需要一个爱的出口,我就买了一对虎皮鹦鹉。鸟买回来之后,我们做了分工,签了协议:照顾小鸟的各项任务由她来负责。

后来,鹦鹉孵蛋了,雌鸟整天蹲在蛋上,一直到所有的蛋都孵出小鸟来。为了让窝变得更舒适,这个小小的母亲，把自己的羽毛用嘴扯下来垫在窝里，扯得自己都快秃了；而雄鸟则寸步不离地守护着妻子不让我们接近，每天都是把食物叼进窝里去喂她。它们展示出的爱和责任，深深地打动了我们一家人。

这对小生灵孵出来了五只小鹦鹉，我们一家人经常拿菜叶喂它们。其中有一只渐渐地变得跟我们很亲，变得黏人。抗抗把它带出来到院子里的草地上玩儿，它会爬到她的脚背上，又顺着小腿、大腿一路爬到肩膀上，靠在她的头发附近。走路的时候，它小小的爪子紧紧地抓住抗抗的肩膀。我看见女儿的脸上是妈妈般的温柔。

抗抗和小鸟

有一次，我们带小鸟到奥林匹克公园玩。那个时候，小鸟已经会飞了，可是依然牢牢地站在抗抗的肩膀上，没有绳子它也不飞走。总有人很好奇地过来问："这只鸟是真的还是假的？"女儿头一扬，骄傲地说："是我养的鸟，是真鸟。"她从心底为自己骄傲，为自己能够和一个小生命建立这样一种深深的爱的链接而骄傲。

抗抗和小狗

后来我们又收养了一只自己找上门来的名叫"叮当"的狗。这个小生命是被人遗弃的，趴在我家门口怎么也不肯走，一开门它就溜进来，把脑袋搁在我腿上，呜咽着仿佛在求收养。考虑到家里有学生，一开始我们也很犹豫，于是找了一个方便而且愿意收养它的人，可是带走它三次，都跑回了我家。于是它就成了我们家的一员。

在我们的训练之下，"坐、趴、装死、打滚"这样的指令，对叮当来说都是小菜一碟。一看到我们吃饭，它会赶紧把自己的饭碗叼过来坐着等。我把肉放进它碗里，说不许吃，它会发出低低的呜呜声，但还是会等我发出指令

才吃。它还有很多本领：会从我们手里叼钱，放进它的筐里，叼着去买零食，再一路叼着回家；会把地上的垃圾叼起来，放进垃圾筐等。厉害的是，它能听懂几十句各种语言的指令，包括中文、英语和德语。

训练叮当时，我下达指令的同时配合表情、语气和动作，重复三次以上，如果叮当听到语言能完成指令，就算它听懂了；先是中文，它掌握后，我再用同样的表情、语气、动作加英语，然后德语……对一只狗狗来说，人类的各种语言，都只是近义词而已。

在这样训练叮当的过程中，对于语言的学习，我也有了更深的理解。无论是人类的儿童还是比较聪明的宠物学习语言，一开始都是从"表情+语气+动作+语言"综合创设出的情境开始的，逐渐过渡到没有表情、语气和动作，仅仅发出语言就能让学习者领会完成。

每天和小鸟、小狗生活在一起，与它们互动，我们都真切地感受到了人与动物之间的爱和尊重。它们回应给我们的爱，那样及时、具体，一进家门，就感受到：鸟儿们欢快地叫着，狗狗不停地晃动着尾巴，冲过来扑到身上。

这一切都让我们深深地体会到爱与被爱的幸福。从它们那里，我们也感受到：付出爱远比得到爱更加快乐。另外，也让我们学到，当我们心中有爱和感激时，要及时表达出来，那会使付出爱的一方更加快乐，使双方关系更加紧密，感情更加持久、浓烈。

从养鸟开始，我慢慢地感受着抗抗的变化，她比以前更有耐心，也比以前更懂得关心人。我稍微有些不舒服，她就赶紧跑过来，关切地端茶送水；在我们的旅行途中，无论国内国外，她的行李永远都是自己打理、自己扛，如果只有一样东西，稍微重一点，她都会拿到自己手里，不愿妈妈受累。我对于这一切变化，也有了更深的理解，那就是——爱的循环。

养宠物前，在家里爱与责任的传递是这样的：**父母→抗抗**。有了宠物，将照顾宠物的责任交给她后，开始变成：**父母→抗抗→宠物**。然后，很快她收到了来自小鸟、小狗的爱的回应，变成了：**父母→抗抗⇌宠物**。然后，变成了：**父母⇌抗抗⇌宠物**，继而变成父母、抗抗、宠物之间的爱的循环。这个爱与责任的环形链条，不断地延伸，向和谐的自然和社会关系拓展。在这个过程中，我们感受到自然的平等法则、生命的平等法则和人格的平等法则。

如果说我们这些年的生活进步，有什么运气成分在里面的话，我宁愿都归功于狗和鸟儿们给我们带来的福分。懂得了爱与被爱，和谐而良好的人际关系以及各种自然生态能量，从内而外，在我们心里和眼里如蝴蝶效应般展开……

|培养胆气：马术|

抗抗从2012年6月开始练习马术，对于我们家庭来说是个较重的经济负担。尽管这样，我也只是限制了抗抗每周上课的时间，让我们相对能承担得起，因为这个项目有助于培养孩子的胆气。

我认为人生最重要的是要有胆气。什么是胆气呢？我和抗抗在菲律宾旅行的时候，遇到一个北京人老王。很多年前老王下岗，得了一笔补偿金，当年的他拿着地图，就和一帮朋友走世界去了，后来到菲律宾这个小岛上和朋友合伙开潜水店做潜水训练的生意。知道我们也是北京来的，他邀请我们去他家做客。他的庄园占地二十多亩，三层楼十几个卧室的别墅还没有完全竣工，前院、后院的花园都有菲律宾工人在工作。听说是他自己设计并雇用指挥当地人施工，我很好奇！问不久前才从北京过来、不会说英语的他妻子："老王一句英语不会说，他怎么能把房子建起来的？"他的妻子大笑，手舞足蹈地告诉我："就是比划，用哑语！他出去旅行也是这样。"

老王的英语只到从一数到十的程度，靠着比划，抱着地图，真不敢相信他居然走了全球几十个国家。这就是胆气！一个人如果想要做生活的强者，这种胆气必不可少。

记得2015年，抗抗骑着一头肩高大约1米8的德国温血马"大黄"，跳1.3米高的障碍时，大黄因为太兴奋，突然发脾气，在障碍上空时就开始尥蹶子，不断地蹦跳蹬摔。我在场外，看见抗抗紧紧地抓着缰绳，牢牢地坐在马背上，顽强地尝试着控制大黄，但最后经不住大黄的折腾，被扔了出去，从2米多高的空中自由落体，"啪"一声掉在马场沙地上！

我女儿会五种语言

我和以往一样,虽然心有波涛,但还是淡定地站在原地,等待她自己爬起来;抗抗也和以往一样,没有惊恐,没有哭泣,在一骨碌爬起来之前,甚至没有将求助的目光投向我,爬起来之后才一瘸一拐地向我走来。她摘下头盔给我看,从德国带回来的头盔都摔出裂缝了!鼻孔里出血了!我开始紧张,端着她的脸查看!擦拭后,没有再出血,但我还是有些不淡定了,不断地问她哪里有不舒服,她只是指着尾骨平静地说:"这里有些痛,休息一会儿应该就没事了。"

5分钟后,大黄终于安静了下来,教练们把大黄控制住了。抗抗带上摔出裂缝的头盔,一瘸一拐、毫不犹豫地走向大黄,翻身上马,慢步走、快步走、慢步跑、快步跑、加速,跳……

骑马的人都知道,马拒跳发疯有两个可能的原因,一是,对高度有恐惧;二是,欺负骑手。如果不再上马完成动作,以后它会惯性地在跳障碍时拒跳。所以,骑手有责任克服自己的心理恐惧,也帮助马克服心理恐惧或者欺负骑手的企图,明确地告诉它:如果是对要完成的任务恐惧,我和你都不会被障碍吓倒;如果是欺负骑手,我,不会被你吓倒！

抗抗跳障碍以来，从马背上摔下来二十多次，每次都是一骨碌从地上爬起来，活动一下腿脚腰肢，喝口水继续上马。这次是摔得最狠的一次，同样从容和淡定。在她的人生路上，我相信她会用这种从容和淡定应对所有挫折与挑战。

|自控力：哭泣、延迟满足与奖惩|

我曾看过一篇美国大学研究所的文章《孩子的自制力决定未来成功与否》，在这篇文章里，他们把自我控制能力定义为：自我觉悟、自我约束和毅力，以及能够在决策中考虑行动的后果。文章中有一段的大意是这样的：

研究发现，在学龄前无法自控的儿童出问题的概率，是成年后无法自控的人的三倍。他们更容易有犯罪记录，贫穷或有经济困难的可能性更大，更有可能成为单亲家长；在学龄前和小学时就具有极佳自控能力的孩子们，非

 我女儿会五种语言 |

常可能在三十多岁时的健康问题较少,自我控制能力预示了成年时的成功。虽然说,自控能力的学习和提高可以贯穿一生,但儿童学习自律和毅力的技巧越早越好。在生活中尝试学习自我控制能力拖得越晚,要扭转和克服的问题越多。

当时读了这篇文章,我想,自控能力是可以在家庭环境影响下,或者在父母的引导下习得的。于是,我从以下方面对抗抗进行了自控力引导训练。

● 正确对待抗抗的哭泣

小孩子的哭泣,一般会有三层含义:一是因为基础需求没有得到满足,比如饿了、尿了、拉了、冷热等;二是情绪的表达和宣泄;三就是假哭要挟。无论是以上哪一种,都不要立马去安抚。第一,哭是对肺活量的锻炼;第二,可以借机训练孩子的耐受力和自控能力,随着年龄的增大,孩子哭的时候还可以抓紧机会训练孩子的沟通表达能力和理性解决问题的能力。孩子哭的时候,一般我会在她哭了5分钟以后等她稍微冷静一些,再问原因,解决问题。尤其是第三种情况,要等她不哭了以后再去解决问题,并告诉她：哭是解决不了问题的，只有好好把原因讲出来才能更好地解决问题。

抗抗不开心的时候，我会坐在她身边，拉着她的手，微笑着，轻柔地鼓励她说明原因，告诉她，我在意她的感受，和她一起分析哭泣的缘由。如果讲清道理后，依然无理取闹，我就让她在房间里想清楚并冷静下来，直到给相关人道歉，并弥补错误为止。当然，如果是因为我们做错了事情，伤害到了她，导致她伤心哭泣，我们会诚挚地向她道歉，并弥补过失。

抗抗有情绪的时候，我们不会用好吃的、好玩的等东西来抚慰他，我们鼓励她去调整自己的情绪，当她能够克服情绪，做出成绩时，我们则多加奖励。

延迟满足

抗抗还不会说话的时候，她饿了，就用哭来表达。我从来都是不紧不慢，5分钟后再给她食物。吃饭的时候，从来不追着喂饭也不逼着她吃饭，以免吃得过饱，使她缺乏对饥饿的体验。饥饿感控制，是一个人最原始、最基本,也最主要的自控能力。如果孩子能感受到饥饿,她就可以知道,她并不总是立即就能得到自己想要的东西。孩子大一点时,也能趁机培养孩子"不劳动者不得食"的观念,鼓励孩子靠努力参与甚至自给自足去获取食物;同时,适度饥饿感能加强获得食物后身体的感官享受,并培养孩子珍惜和节约的意识。

● 奖励和惩罚

抗抗五六岁的时候,很逆反,你让她做什么,她偏不做什么,话也要反着说。比如喊她吃饭,她就说:"我偏不吃。"因此,我和她爸爸吃饭的时候,就说:"爸爸,咱们吃饭吧,抗抗不吃。"抗抗听见了就说:"我偏吃!"总之,当时我们就反着说话来达到我们的目的。

有一次,抗抗把爸爸惹急了,爸爸打她屁股,打第一巴掌,她说:"不疼!"爸爸下不了台,只好往疼了打。打多疼,她都说:"不疼,就是不疼!"这个时候爸爸和我也意识到,打不能解决问题。我和孩子爸爸开始密谋寻找她的软肋。看到她满床抱着睡觉的马和独角兽,有的叫 Twilight（暮光），有的叫 Moonshine（月光），有的叫 Starlight（星光）……我们突然有了主意。后来马玩具就成了我们用来奖励和惩罚抗抗，训练她自控能力的道具。具体的方法，参见后文"给孩子切实的奖励"。也因为这种奖励，很多年后，抗抗几乎收集了斯乐的所有马模型。

大多数时候，我们都会忘记自己的承诺，一不小心就食言。为了应对这样的问题，我准备了一个承诺本，不是只针对抗抗的，而是针对家里所有人。有什么约定或者承诺都写在本上，以防忘记，并提醒督促大家遵守。没有遵循承诺或者犯了比较严重的错误，必然会有后果。如果我或者她爸爸违背承诺犯错误，会接受其他人的惩罚并自己反思，比如写检查、罚站什么的；如果是抗抗，有时候是没收小马玩具，有时候是罚站反思、写保证书等。

但是，在抗抗犯错受惩罚的时候，我都采取"连坐"的方式，因为她所犯的错误，作为养育者，我同样负有责任。记得有一次，她不守时，我罚她站半小时，我也跟她一起罚站半小时。那时候我身体不是很好，站在那儿的时候差点晕倒，孩子抱着我说："妈妈，妈妈，我知道错了！你不要站了！都是我的错，我一个人站。"从此以后，她再也没有不守时。

抗抗二年级的时候，因为上课写小纸条，被老师惩罚，回到家后我问她，她不承认。她的同班同学告诉我抗抗撒了谎，我很生气，我跟她严肃地谈了话，她承认了。在这件事中，我并不认为上课写小纸条这个错有多么严重，但是撒谎是一个严重的错误，尤其是向妈妈撒谎。因此，我要求她写检查。但同时我也向她写了一封道歉信，因为我没有把自己的孩子教育成一个诚实的孩子，这是我的责任，我应该向她道歉。这之后，她再也没有撒过谎。当然，我也给她创造不撒谎的条件，只要说的是实话，就算是不好的事情，我也不会责怪她，而是和她一起承担后果，接受处罚并一起解决。

这样的教育方式源于在怀着抗抗的时候，我看的一部法国女演员苏菲·玛索主演的电影《心火》。故事讲的是女孩伊丽莎白为了救坐牢的父亲，去给贵族做代孕妈妈。她和贵族在一个陌生的小岛上住了一周后，成功怀孕。按照约定，孩子出生后交给了贵族。之后的七年时间，她到处在英国的贵族家里做家教，寻找自己的女儿。她不知道那个贵族叫什么名字，住在哪里，所以她选择的家庭中，都有跟她女儿年龄相近的女孩。

七年后,她找到了自己的女儿,但是却不能相认。此时,这个小女孩因为缺少母爱、渴望母爱,很叛逆。在伊丽莎白之前,所有的家庭教师都在几天内被小女孩轰走了。伊丽莎白到达的最初几天,女孩也试图用以往的方法将这个新家庭教师轰走,不肯接受任何教育。伊丽莎白心如刀绞,为了教育好孩子,她采取了比较特殊的方式——给孩子的所有惩罚,她都一并承受。这让孩子感受到她与其他家庭教师不同,感受到爱,她开始疑惑面前的这个女人是谁。

我清楚地记得电影中有这样几幕:冬日的一个深夜,小女孩跑去湖心岛的亭子,掉进了湖中的冰窟里,伊丽莎白跳进去把她抱上来后说:"我永远都不会离开你的!"后来,孩子发现了伊丽莎白的画册,明白她就是自己的妈妈。孩子问她:"你为什么离开我?"她回答:"我没有,我是把你卖掉了!"孩子问:"卖了多少钱?"她回答:"五百英镑。"孩子又问:"那是很多钱吗?""算是一笔财富了。"此刻她准备好了接受女儿暴风骤雨般的谴责。而孩子却在这一刻体谅了她的一切,说:"是财富就好!"随后,两个人儿抱在一起又哭又笑。

看到这一刻的时候,我特别理解她们的心情,妈妈勇敢地承认错误、承担责任、接受惩罚,才是获得孩子尊重、合作、理解和爱的最根本的原因。

电影中的那个小女孩叫 Luisa,因此这个名字后来就成了抗抗的英文名。我想,即便有一天我不在她身边了,当她听到别人喊她的名字,她会想起这部电影,想起她名字的由来,想起妈妈对她的爱和支持。

|自立与责任:第一份家庭协议|

因为我先生并不赞同我辞职回家工作,更不赞同孩子在家学习,一开始那几年家里气氛并不和谐,我的压力非常大。我必须把孩子的内在动力完全调动起来,我们娘俩互相支持、并肩作战,才能争取两个人都尽快拿出成绩。

本着培养孩子自主学习习惯,并积极参与到家庭事务中来的原则,我起草了以下协议。女儿看到能挣零花钱,而且能有更多的时间和小朋友、小鸟玩,欢天喜地地签了！已经看到一点成绩、态度有些转变了的先生做了见证人。这份合约是我们的第一份家庭协定。

聘任协议

2010 年 3 月 25 日

甲方（妈妈）：Lulu

乙方（女儿）：抗抗

为了加强家庭成员对家庭责任与家庭事务的参与和贡献意识，并加强家庭成员之间的团结与合作。努力将我们可爱的女儿培养成为一个人见人爱的人，对社会对家庭有用的人，身体和心理都健康快乐的人，具备实现梦想的能力的人，甲、乙双方本着自愿、平等、公平、诚实守信的原则，签订本协议。

第一条　聘任职位

甲、乙双方为了尽快实现共同的目标与梦想，本着努力与分担的原则，共同承担学生的英语教学与乙方（女儿）的家庭人格教育/文化课学习/语言学习教育的工作。

特聘任乙方为甲方的教学助理。

第二条　聘任期限

合伙期限为　年，自　年　月　日起，至　年　月　日止。

第三条　聘任期工资

在合作期内，如乙方能完成甲方交给的各项工作，甲方将每月教学收入的20%作为乙方的工资存到乙方的存折里。如甲方该月教学收入1万元，则乙方的工资为2000元。

乙方的工资可象征性地代表乙方对家庭的贡献程度，以及家庭对乙方努力程度的认可。

第四条　乙方的职责与义务

A.要积极地按时完成甲方交给的各项任务。如：

甲方给学生上课时，乙方要自觉完成学校布置的作业。

自觉地完成英语/西班牙语/葡萄牙语的每日学习任务。

尽可能地分担每日家务：扫地、洗衣、做饭、买菜、照顾小鸟等。

尽量保持自己房间的干净整洁。

B.努力配合甲方的工作,树立起一个语言学习的好榜样。

C.将年度目标及每日目标和任务常记心中,尽快实现和完成每一个目标与计划。

D.积极参与各种语言竞赛与活动,争取更多的展现自己和锻炼自己的机会。

第五条 年度旅游与大开支的分担义务

为培养乙方对财物的管理与节约意识,任何人不得未经乙方同意动用乙方所得工资。但是,为加强乙方的全面参与意识,涉及乙方参与的花费超过壹万元的旅游开支和购买计划,乙方要分担20%。

第六条 违约责任

如乙方不能按照甲方要求完成乙方的责任与义务,并且,导致没有完成的原因和理由没有获得甲方或者第三方

（爸爸）的谅解和理解，甲方有权扣除乙方当月部分甚至全部的工资。并且，甲方可按照另一身份（妈妈）给予乙方其他方面的惩罚。

第七条　奖励机制

如乙方能积极完成各项任务，达成该月或年度内各项目标与计划，甲方作为妈妈，以及第三方爸爸要给予乙方奖励，完成乙方该月或年度内一项大的心愿。

第八条　未尽事宜，甲乙双方协商解决

第九条　仲裁事宜

如有甲乙双方协商不成的矛盾，第三方（爸爸）作为仲裁方仲裁，甲乙双方要尊重第三方仲裁意见，保证严格执行仲裁决定。

甲方（妈妈）：　　　　　　乙方（女儿）：

日期：　　　　　　　　　　日期：

协议生效后,每次我的学生来家里学习,抗抗都会非常主动、耐心地接待、照顾他们;抗抗主动打理自己的房间、安排自己的学习,并积极地参与到家务中。我也认真地执行协议,给抗抗发工资。这份协议执行了两年,随着她自我管理能力不断提升,她也早已深深地明白只有一起努力才能实现我们的梦想,这个协议就淡出了。

抗抗教西班牙语挣零花钱

抗抗7岁开始学西班牙语,9岁时她有了第一个学生,一个5岁的小男孩可文。抗抗每周教他1个小时的西班牙语,可文妈妈付给抗抗15元。抗抗教了可文一年多。她每节课的内容包括陪可文学半小时的"如师通",看半小时的西班牙语的动画片,并带领他模仿动画片里的语言、情景、动作。

在这一年多的时间里,抗抗表现出来的耐心、爱心和责任心,都超出了我的期待。有一天,他们正在上课时,我进去,看见可文骑在抗抗背上,在用西班牙语练习马术!之后,她和另外一个比她大的女孩曼曼互换课程。曼曼教抗抗数学，我付曼曼工资20块；抗抗教曼曼西班牙语，曼曼妈妈付抗抗20块。她在西班牙时，也是用同样的方式和西班牙男孩Gustavo互换语言授课挣零花钱。

就这样，从9岁开始，抗抗的零花钱都是她自己挣的，我们只提供基本的衣食住行和学习费。抗抗自己挣的零花钱，可以买她想要的零食或者玩具，自由支配完全不受我们限制。因此，她挣钱的积极性很高，也知道挣钱不易，使用时倍感珍惜。

有一次抗抗用积攒了将近半年的100多块钱买了一把雪白的日式长剑，又帅又酷。一不小心把剑鞘摔坏了，她伤心得大哭，想了各种办法来弥补，最后选择用白色的胶布把剑鞘固定好了。虽然她很遗憾剑不再完美，但是也不舍得扔掉重新买一把，因为那是自己辛苦挣来的。

| 规则与礼仪：从小训练 |

有段时间，抗抗吃饭很磨蹭，边吃边玩，我和先生决定治治她这个习惯。吃饭的时候，我俩瞄准她爱吃的，

两口子大呼小叫地"开抢",她吃得慢,我们就吃完了。哭!没用!有啥吃啥吧!后来,她的速度就不慢了,甚至干脆把她喜欢的护在怀里吃。

抗抗从那时开始吃饭变快了,但也养成了一个不好的习惯:狼吞虎咽。考虑到我们将面对来自不同国家的人,为了不在饭桌上缺少礼数,显得粗野和没有教养,从她7岁开始,我们家就实行分餐制,在饭桌礼仪方面加强规范,并把吃饭礼仪这一项放入她当时每天的学习计划表中,占据一定的分值。通过这样的方式,抗抗逐渐能做到细嚼慢咽、轻声细语、礼貌周到,并能照顾一起就餐的其他人。

在如何培养规则意识和礼仪方面,网友Bob寄给我的一本书《让孩子训练有素》(*To Train up a Child*)对我的启发很大。它让我意识到,养孩子要在他们幼小时就帮助他们建立规则意识,这样孩子在与他人交往时更有分寸和礼节,有助于交到朋友,得到他人的认可、尊重,成长会更顺利。如果在孩子小的时候没有能带领他们建立好规则,他们成年后,很可能因为被认为缺乏教养等原因,难以融入群体而感到痛苦;这时候再来修补漏洞,付出的时

间和精力成本要大得多。

书中说,**帮助孩子建立规则,尤其是建立社会公德与安全方面的规则,在这些方面是没有空间让孩子去体现胆识、去自由探索的**,因为在这些方面出问题,可能会让人终身后悔,因为法律不会允许越界,生命也无法重来。

而且帮助孩子建立规则,也不能依赖于社会和学校,应当由父母在孩子很小的时候就建立起来。在孩子6岁之前,家长最重要的教育内容之一,就是让孩子习惯于遵守社会规则,并自尊、自爱、自强。上学之后,孩子部分脱离家庭的熏陶范围,环境中有好的或者坏的影响,这时候家长能做的,只有补漏洞了,或许越补越多,因为他们已经有自己的思维模式和行动力了。

如何帮助孩子建立规则意识呢? 比如,一个幼小的孩子对火很好奇,当她第一次去碰火柴时,家长就需要明确做一个"制止"的手势;第二次,就要用坚定的眼神制止;第三次,就要轻轻地打她的手。只要家长能够温和而坚定地这样去做,孩子在未成年之前,对火的禁忌就建立起来了。

在公共场合，如果孩子表现不佳，同样也是这个步骤来帮助他遵守社会公德：第一次用眼神坚定制止，第二次用动作坚定制止，第三次惩罚。无论是安全，还是社会公德，都不容忽视。

我相信，任何一个人，要成为一个受欢迎、有成就的人，就要遵守规则，注重礼仪，注意与人交往的细节。比如，公共场合不能旁若无人地高声喧哗，打闹；吃自助餐时必须排队取餐；不能生怕吃亏似的取很多，最后浪费很多；进出门的时候，要注意身后有没有其他人再关门，如果后边有人，要为后面的人扶住门；人与人之间的界限，不容忽视，别人的东西就是别人的，我的是我的；到了别人家要客随主便，需要什么东西，必须要经过主人同意；任何时候都不能有高人一等的神情和心理；要懂得关爱别人；要懂得长者优先、弱者优先；关爱自然生命……

阅读心得

读到这里,有什么需要记录的,就写下来吧!

第四部分
支持孩子追求梦想

美国诗人罗伯特·弗罗斯特有一首诗是这样的：密林中分出了两条岔路，我选择了少有人走的那条，才有了这一切的不同。

11 抗抗的上学经历

抗抗能够学多种语言，还能兼顾多种兴趣爱好，有一个很重要的原因：我们高效地利用了时间。这就跟我们的教育道路选择有很大的关系。回头来看她的上学经历，颇有一番滋味在心头。

2007年8月，抗抗还在上幼儿园，我在雅虎的家庭教育国际聊天室无意间认识了Bob。他向我推荐了一本书《让孩子训练有素》，且不久就把这本书寄了过来。

这本书主要讲孩子的培养，但不是知识层面的培养，而是如何从小培养规则意识、安全意识、服从意识、劳动意识、尊重意识、态度训练、情绪控制……

Part 4 第四部分 支持孩子追求梦想

其实这本书和很多家庭教育的书并没有太多内容上的区别，区别的是读书人当时的心境，读书人读后的行动力，和读书人的意志力。当时我正处在工作与家庭孩子难两全的艰难抉择中，如同在黑暗的海面上航行找不到方向，极为迷茫困惑。Bob 的经验和这本书对我而言如同指引航向的灯塔。我迅速地搜索、阅读了大量国内外的相关资料和案例，结合当时抗抗性格上突出的一些问题，如逆反、撒小谎、霸道，以及国内家长的普遍焦虑、裹挟式的教育现状等，仔细想了很久，突然想开了：与其受外界裹挟和体制约束，不如把教育孩子的主动权掌握在自己手里，就依据一万小时定律，让孩子学她爱学的。关于社会交往，考虑到现在社会上大大小小、无穷无尽的兴趣班和社会活动资源，以及我可以在家教学生这得天独厚的条件，可以在一定程度上弥补没有学校氛围的缺憾。

2008年6月，我回家，把抗抗从幼儿园接回来，在家学习了一年。抗抗每天读书、看英语动画片、游泳，由妈妈带着进行各种体验，过得很开心。2009年9月，看着经常一起玩的院里同龄小朋友一个个都背着书包去上学，能一起玩的小伙伴越来越少，抗抗慢慢地对学校产生了渴望也对自己产生了怀疑：是不是因为我不够优秀，所以不能像别人一样去上学？其实，我并不完全排斥学校教育，一直幻想着孩子进入学校后，依然能和学校，或者老师达成共识，给抗抗的兴趣爱好留出时间。只是，入学报名时间早已错过，只能等二年级入学了。

|想要入学不容易|

2010年6月，又一年的入学报名工作开始了，孩子该升二年级了，我从老家开出了转学申请，可是北京片区的学校说：孩子是片区的没错，我们应该接收也没错，可是你们一年级不在我们学校上，我们就可以选择不收。

我们知道这不是真的，因为每年的各个时候，都有刚刚办妥户口的孩子入学各年级。可是这三个月，学校就是不说接收抗抗，当时我们能想的办法都想了，能找的人都找了，到处被踢皮球。到9月4日开学三天后，都没有消息。先生整夜、整夜睡不着觉；一向比较淡定和坚强的我，看到先生眼里对我的谴责、孩子怯怯的对上学的憧憬，也开始内疚，对自己产生了怀疑——因为我理想化地认为，我们孩子是片区内有北京户口的，学校又是和先生单位长期合作的，入学应该不是个事儿，放心在这两年采用在家上学的教育方式才导致当下的困境的。

先生无奈之下也开始给教育局打电话，得到的回答是按照政策，学校必须且肯定解决，可是学校方面依然没有反应。我的嘴里急出了很多水泡。9月5日，地狱般的几个月终于结束，孩子最终入了学。

原以为无比强大的我，深深地体会到了个人是多么无力。

|入学后的生活|

入学后，幸运的是，抗抗的班主任非常通情达理，她有一个和抗抗同龄的孩子。当我提出，希望能让抗抗上完上午的课后，就回家学习英语、西班牙语和葡萄牙语，她

很痛快地答应了。周二、周三、周五三个下午,抗抗可以在午饭后回家。遗憾的是,因为一些家长对班里成绩在年级中排名不靠前感到不满,对老师宽松的教育模式、作业太少提出质疑,告到了学校,老师无奈地加大了作业量,加强了管理,抗抗的这个特殊待遇在第二个学期被取消。

抗抗上学后,适应得很快也很好。一开始很兴奋,很快融入班级当上了小干部。在第二学期结束时,她被选举为优秀班干部。学习成绩方面,英语自然是她最强的科目。当老师发现她的听说读都是母语状态后,她就成为了班里的英语小老师,负责在30分钟的大课间,辅导英语差的七八个孩子。上学的第一学期结束时,抗抗数学倒数第一,因为她的试卷上有一道大题没做。不过在那之后,她的数学成绩稳定地回到了95分以上。语文基本上都是90分以上。

二年级的第二学期,抗抗在班里的受欢迎程度越来越高,走到哪里都有孩子远远地喊她的名字。不过,因为提前接的特权被取消,她在学校的新鲜劲儿也过了,课后作业越来越多,抗抗开始抱怨。

|抗抗要休学|

三年级上学期结束,我和抗抗到菲律宾度假一个月,快结束时她对我说:"妈妈,我觉得还是在家上学好,我感觉在学校上学离我的目标越来越远。"

我很惊奇:"你仔细想想在家上学和在学校上学的优缺点,如果你确实想好了,妈妈就支持你。"她想了想说:"妈妈,我觉得在学校上学就一个好处,人多,可以一起玩。可是每天就是听课、做题、比成绩,真没意思;在家学习,我可以学自己爱学的东西,做自己喜欢做的事,每一天都觉得离目标近了一步。"

我答应时就知道,她爸爸一定会反对,我们即将面临着暴风骤雨的洗礼。旅行结束回到北京,已经开学一周了,我没有时间去纠结、犹豫,趁着先生出差不在家,我们迅速办妥了休学手续。因为了解先生的性格,吃定了他对我们娘儿俩毫无保留的爱,我准备好了离婚协议书等他回家,逼他投降。我打电话告诉先生他要面临的选择:①支持抗抗的决定,接受孩子休学的事实,并积极加入到在家

学习的家庭教育计划中来,承担责任以及分工;②在离婚协议上签字,我和孩子立马离开家,不再打扰他。电话那头,不善言辞的他,急得说不出话来。

抗抗抢过电话,坚定地对爸爸说:"爸爸,你别责怪我妈妈,是我自己要求休学的。我觉得在家能学的内容更多,离我的目标更近。我是不会让你和妈妈离婚的,我也不会回学校。"听到9岁的女儿机关枪一样突突突地说完,电话那头迟疑了一会儿,她爸爸说:"那你就先在家学习,等我回去。"有女儿这个坚强的靠山,我已不怕他的雷霆万钧、暴风骤雨了,俨然有了"让暴风雨来得更猛烈些吧"的豪情。

先生回到家的第一个星期,端着架势,终于找了个碴儿,要求我给他写保证书。让我写明,在家上学的模式下,我要确保抗抗在初中时各科目达到什么水平,高中时各科目达到什么水平,并保证抗抗18岁考入什么样的大学。

思考了一晚后,我承认:我无法写这样的保证书,我们走的是一条没有多少人走的路,我无法用学校教育体系的标准来衡量我们每个阶段的进步，我只是坚信一点：在任何感兴趣的内容上投入一万小时学习，都会成为专家，将来抗抗不会没有饭吃，不会没有正当的职业。可是他根本不听，讲不进去理、得不到理解的我无比沮丧，大哭起来。这些年为了抗抗的教育受的所有委屈和压力都袭上心头，我哭到全身颤抖、不能自已，他俩从没有见我这么哭过。

抗抗急令爸爸给我道歉，说："我妈妈都是因为支持我，你看你把我妈气成什么样子了！"先生手足无措："行行行，我道歉！"我反将一军，对他说："你给我和女儿写一份保证书，保证书上写明，她回到学校后，你保证她初中能考入什么学校，高中能考入什么学校，大学能考入什么学校，然后明天就可以把她送回学校。这份保证书对你来说更简单，毕竟你选择的是人人都选择的教育模式，更加有预见性。"他不说话了。

我乘胜追击："如果你写出来，从此以后我二话不说，只工作、做家务、照顾你和抗抗；写不出来，今后抗抗的教育按照她自己选择的模式践行，你在我的领导下全力支持，而且家务归你做，不许有任何怨言。"

这次家庭会议,是我们家的"遵义会议",是第一次抗抗和我独立自主地将"眼泪计"运用到家庭教育大计中,解决了教育问题的路线、方针、政策。这次会议开始确立以抗抗为主体的在家学习的正确路线,以及Lulu在家庭中的领导地位,挽救了抗抗、挽救了婚姻、挽救了家庭,是我家历史上一个生死攸关的转折点,标志着家庭从幼稚走向成熟。

这次会议后,抗抗爸爸积极主动地承担起了家务的主要责任,并充当了司机送抗抗去上西班牙语和德语一对一面授课,以及周末的马术课,使我有更多的时间,收了更多的学生,增加了家庭收入,也让更多的孩子运用上了我的"母语式语言学习法",在我的引导下受益。

还记得,先生第一次送抗抗去上西班牙语课回来,嘴角笑到挂在耳朵上,开心得像个孩子,都不会走路了的样子。他当时真没想到,只是学了不到两年,抗抗的西班牙语已经对答如流,有时候说起来滔滔不绝了。

终于,他放下身段,仔细了解了我全部的外语教学理念,听到其他学生的巨大进步、家长们的追捧和称赞后,对我的教育理念和方式变得深信不疑,成了我母语式教学的"铁杆粉丝"。2013年抗抗开始上德语课,周末时他陪孩子去上课,每次回来也是兴高采烈。

|抗抗第二次回学校上学|

休学两年后,也就是五年级第一学期结束前半个月,我们接到了学校的催促电话,如果再不复学,就要求我们办理退学手续。我从来没敢彻底放弃过学籍,不管孩子在不在学校读书,我们要保留这个选项,不能堵死回学校上学这条路。不得已,12月的最后一天,我带抗抗回学校办理复学手续,并按照要求在10天后参加了期末考试。

五年级第二学期开学第一天,抗抗回到家告诉我:"今天被数学老师表扬了,因为上学期期末我是全班5个100分中的一个。老师说,休学这么久数学还考100分很难得,让天天在学校学习还考七八十分的学生想一想。"

尽管那一次语文只是考了80多分，英语没有考满分，抗抗还是老师们眼里的好学生。一学期结束时，所有科目都是优秀，她也为自己感到骄傲。

接下来，还是重复着二年级、三年级在学校上学时的困扰，甚至超过了那时候，因为小升初临近，大部分家长们都处于紧张状态，老师们也一样。孩子们也越来越紧张，班里的气氛越来越压抑，作业挤占了抗抗所有的下午和晚上的时间，完全没有可能学外语、马术和其他兴趣爱好了。

六年级上学期，连她爸爸都受不了了，郑重其事地对我说："老婆，我觉得你是对的，咱们还是转学吧，把学籍转到外地教育环境宽松的学校去，这样抗抗就有足够属于自己的时间了。如果她在北京升中学，我们即便再求一轮，相信附近的学校也没有一个可以通融给她学语言和马术的时间。"于是，抗抗又得以回到家学习，并在期末参加学校考试。在这里，也非常感谢当地的学校校长为我们留了一条重要的退路。

|少有人走的路|

我们尊重孩子的选择，支持她回家上学，不代表我们对学校教育全盘否定，也不代表我们认为在家上学是完美的。学校也有学校的好处，比如孩子可以和同龄人一起学习、一起玩耍，毕竟人是群居的动物，需要在学校社会里学到社会交往能力、个人表达能力、竞争意识、团队意识等。抗抗一部分时间在学校上学，一部分时间在家学习，也并非我们从一开始就已计划好，而是无奈之举！如果，即便在学校上学，可用于个性教育的时间也有保障；如果，抗抗所在的小学，教育环境更开放一些，我相信，抗抗会一直待在学校。只是，如果因为在学校上学要放弃梦想，那是无论如何也不行的。

人生的选择很多时候难以界定对错、优劣，任何选择都不是完美的。如果总是纠结于对错、优劣，总是彷徨、徘徊，一方面容易耽误时间，时间成本才是最大的成本；另一方面，容易放弃，一旦放弃，也就放大了这件事的缺点，放弃了它潜在的可能成功的优点，而坚持下去，就放大了它的优点，做成了，缺点就几乎可以忽略不计了。

只要我们清楚地了解各个选择的优点和弱点,预估出所要承担的风险,力求弥补弱点、降低风险,能接受并承担不可预期的最终结果就好。正如我的座右铭:凡事往最坏处想,往最好处努力!

回望这一路,我们几乎是倾尽所有来走了这条少有人走的路,靠的是辛苦的付出,还有最重要的:勇气、胆气和毅力!

12 让孩子认识自己

我很喜欢一句话"自知者明,自强者胜"。我希望抗抗在对自己有清晰的了解和对自己内心的需求忠诚的基础上,有勇有谋、自强自立。

所以2012年3月,第一次在菲律宾薄荷岛度假快结束时,抗抗通过自己分析,做出在家学习的决定时,我很欣慰!能对事情有一个理性的分析,经过评估后做出适合自己的选择,能清晰地追求自己的目标,有实现自己梦想所需的决心和毅力,我为她感到骄傲。我必须鼓励、支持她。

在我十几年的教学过程中,我问过许多孩子他们每一年有什么目标,他们大多都说不知道,一副茫然的表情。这就是为什么有些孩子进入大学后,没有了目标,就完全迷失了方向。有很多家长怀疑地对我说:"这么小的孩子,怎么能知道她要什么样的生活?"这是因为这些家长他们没有这样的经验,不知道如何去创造条件让孩子认识自己、找到自己想做的事情。

|创造条件让孩子认识自己|

怎样创造条件让孩子认识自己呢?这并不难,我们可以给孩子提供机会在实践中发现自己想要做什么,帮助、鼓励孩子去实现自己的想法,甚至带着孩子去尝试另一种生活。

如果孩子说,**我想要做一道菜、一件衣服**,那么不妨拿出几个晚上回来,带着他们一起去买材料,查询制作的方法,然后一起动手做起来。就是日常这些小事情,慢慢堆积出了孩子对把想法变成现实的信心和能力。

如果孩子说，**我想要过田园牧歌的生活**。那么不妨利用假期带他们真的找一个农场去住一个月，去耕田种地、放牧牛羊，真正地按照当地人的方式生活。如果孩子体验了农场生活的种种艰辛，依然觉得这一切对他自己非常有吸引力，那么这就是他们内心想要的。据说著名影星姜文曾带着他的儿子去山村锻炼，不管这个故事是不是真的，就内容来说，非常具备可操作性。

如果孩子说，**我想要成为作家、科学家、钢琴家**。那么不妨就先带他们去了解一下作家、科学家、钢琴家是什么样子的。和孩子一起收集他喜欢的作家、科学家、钢琴家的信息，去看看他们的工作成果，看看他们的传记、纪录片、采访报道中描述的生活，抽出一两天的时间来，让他自己像那样生活试试。

抗抗在德国马场的那20天，她除了练习马术，也需要打扫臭烘烘的马圈，用铁锹把马粪一锹锹地铲到独轮车里然后推到马粪堆。一趟一趟，她依然不厌其烦、不辞劳苦，她还竟然说马粪是香的。所以，我确定她是真的热爱马术。后来我们再次参加西班牙的马术夏令营，也是给机会让她自己来确认，与马为伴的日子是不是她想要的。

我女儿会五种语言

记得徐小平老师有一篇文章里提到"空心病":我不知道我是谁,我的自我在哪里,我觉得我从来没有来过这个世界,我过去19年、20多年的日子都好像是为别人在活着,我不知道自己是要成为什么样的人。现在这样的孩子真不少,因为他们能够深入体验的生活内容太少,范围太小,每天就是:家—学校—培训班;从早到晚趴在桌面上,不断地做题,没有空闲,没有激情,没有能毫无牵挂地发呆并真正倾听自己,没多少能真正自己做主的时候。

在抗抗的教育中,我常常问自己:我把时间和精力都花在了哪里?我有没有真正地去了解孩子,给孩子机会去了解、发掘自己的内心?我有没有身体力行地告诉她,世上最美好的东西不是分数、金钱,而是爱、智慧和真理,是创造和幸福?!

一个人,即便认识了整个世界,了解全部的历史,而不认识自己,终究是一个愚人。一个人能够根据对自身的了解和尊重,做出适合自己的判断、选择并坚守,他才会深深感恩生而为人的幸福和可贵。

|家庭梦想：第二份协议|

在全民房产热的年头，先生看到买了房的人天天坐在家里发大财，一直蠢蠢欲动。可是我的原则是宁愿把钱花在教育上，也不花在储蓄和购置房产上。禁不住先生软磨硬泡，我的口气有些松动。2013年的一天，我们两个人正在讨论买房子的事，抗抗突然哭了，期期艾艾地说："你们把钱都花在买房子上，我的梦想怎么办？咱们家收入又不多。"

我和先生都笑了，是的，依照我们家的收入，如果买了北京的房，就意味着为了还贷款，抗抗的教育经费将大打折扣，一年一次的出国旅行也会受到影响，生活质量会严重下降。我立刻对她说："你有你的梦想，我有我的梦想，爸爸也有爸爸的梦想，每个人都想实现自己梦想，那你说怎么办！"

抗抗毫不犹豫地说："我正是学习的年龄，你们先帮我实现我的梦想，然后，我再帮你们实现你们的梦想。"

我和她爸爸对视一眼，然后说："好吧！你去起草个家庭梦想实现计划，我和爸爸看看你的提议，然后没意见就签字，今后谁有怨言或者懈怠，就罚他读三遍。"

不一会儿，抗抗就在电脑上打好了家庭梦想实现计划。原文是这样的：

Family Dream Realization Plan

Louisa's dreams: Travel the world and become an equestrian expert .

Lulu's dream: Travel the world and help Louisa and Luke to realize their dreams.

Luke's dream: Buy a big house or an apartment.

The steps of fulfilling everyone's dreams

Step One: Work together to help Louisa realize her dreams.

Step Two: Work together to help Luke for his dream.

Step Three: Lulu's dreams will be achieved fully.

Signature:

以下是译文：

家庭梦想实现计划

抗抗的梦想：周游世界，成为一名马术专家。

Lulu的梦想：周游世界，帮助抗抗和爸爸实现梦想。

爸爸的梦想：买大房子或者大的公寓。

梦想实现步骤：

第一步：共同努力帮助抗抗实现梦想。

 我女儿会五种语言

第二步：共同努力帮助抗抗爸爸实现梦想。

第三步：Lulu的梦想已经实现了。

签名：

我们三人欣然签字，自此，孩子爸爸再没提过买房的事。

13 帮助孩子建立达成目标的能力

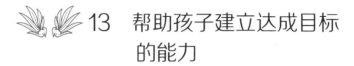

|和女儿一起分解远期目标|

受到我的影响，2008年抗抗把周游世界设定为自己的梦想，3年内出发。首先，我们一起明确了，实现目标的主体人是抗抗，我和我先生作为父母只是协助她实现目标的客体；然后分析了她要实现这样的目标所需要的素质和能力。我把对梦想的追求，比喻成建设一条从北京到纽约的高速公路——八车道的高速公路。因此抗抗明确了目标。8岁前要建设基本素养八车道：目标、勤奋、诚实、守时、守纪、守信、勇敢、分享。在这些内在素养达成的基础上，逐步过渡到能力八车道：中文、英语、西班牙语、葡萄牙语、德语、古筝、数学和马术。

为了不让梦想停留在"梦"和"想"阶段，我带领孩子思考"如何做"的问题。一起分析：

　　1.实现目标过程和步骤；

　　2.需要的人力、物力、财力；

　　3.可能遇到的问题，如何解决这些问题以免影响到目标实现的大局；

　　4.分清责任和义务。

最后，我们白纸黑字写了下来，远期目标实现计划就这样形成了。印象最深刻的是：当我们讨论到，惰性是影响梦想实现的最主要的成败因素，以及如何处理惰性时，女儿说："妈妈，如果我偷懒，你可以采取任何方式督促我继续努力，包括打骂，我不会怪你。"我为她这样一番话感到欣慰。

|每年制订中期目标|

既然要建从今天到梦想之巅的八车道高速公路，就要计算里程，制订年度目标以及年度奖励机制。

2008年12月31日，我们第一次制订了2009年的年度目标如下：

抗抗的2009年年度目标

1. 每天看英语动画片1个小时；

2. 每天自学英语"如师通"软件至少3个部分；

3. 每天至少阅读1本中文书；

4. 每天学习语文1个小时；

5. 每天学习数学1个小时；

6. 每天练习钢琴30分钟；

7. 每天各种室外活动至少2个小时；

8. 学会游泳；

9. 每天整理自己的卧室。

年度奖励

1. 一只1米多长的粉色独角兽；

2. 一次或两次1～2周的国内旅行。

Lulu的2009年年度目标

1. 全年阅读至少50本英语小说；

2. 保证每天阅读量不少于3个小时；

3. 每天教学时间至少2个小时；

4. 尽可能多地安排抗抗的课外活动；

5. 引领及辅导抗抗学习各学科；

6. 努力做好家务。

之后每一年的最后一天，我们都要特意安排时间，商议、制订孩子和我的下一年年度目标，并把它贴在墙上。每过一到两个月，一条条梳理一下进度。抗抗和我最喜欢做的事之一，就是在提前达标的条目后画红勾，倒数离旅行的日子还有多久。

一开始，女儿对把自己的梦想和目标贴在墙上和对别人说出来，很是排斥。我对女儿说："尽管你不是为了向别人证明自己，而是为了实现自我，但是当你想要达到什么目标时，不要怕告诉别人，不要怕当众公布。

"如果你是一个言出必行的人，说了出去，就断了自己犹豫不决的后路，别人的质疑和嘲笑，只能成为你为了证明自己而努力实现目标的力量。"

所以，我们每年都会把年度目标贴在墙上，后来发到QQ空间和微信里。团结可以团结的一切力量，即使得到的反馈是负能量、反作用力，也一定要将它转化成激励我们前进的正能量、正作用力。我相信，这样才能将我们打造得更坚强。

|短期计划表|

有了远期目标和年度目标，接下来就要量化每一天的学习计划和学习进度，并排除一切干扰，意志坚定地咬住目标,踏踏实实地把每一天的工作保质保量地完成。为此我们编制了"每日学习计划表"。每日学习计划不能安排得太满,因为还需要留有余地让孩子去拓展、去探索,也需要留有余地支持孩子兴之所至时,专注于某一个项目。

Daily Performance of Louisa							
Student: Louisa　　　Tutor: Lulu							
Date: _____　　　Reward: _____							
Subject	Monday	Tuesday	Wednesday	Thursday	Friday	Saturday	Sunday
Waking up+Sleeping(10)							
Meals(10)							
Chinese(10)							
English(10)							
Piano (10)							
Math (10)							
Chinese history (10)							
Socializing (10)							
Exercising (10)							
Spanish (10)							
Overall (100)							
Tutor's Remark							

这是我们当时使用的每日计划表的模板,你可以参照着制作适合孩子的学习计划表。

| 给孩子切实的激励 |

有了各种目标，实现的过程就不能太死板，一定要为孩子考虑，设定好孩子的每日收益、月度收益、年度收益，以及远期收益。

对于孩子来说，只是强调"努力就会收获知识，就会有一个美好的未来"，这样的话语，她会感觉太空洞、抽象，看不见、摸不着；不如收获一些小贴画、小橡皮、巧克力、玩具，去游乐场、动物园玩，或是出去旅行，这样更加有趣、有吸引力和说服力。所以，我们为孩子每一天、每一周、每个月、每一年的执行情况，设置了奖惩措施。

奖励的具体做法：我们把所有的需要学习的项目都列入"每日学习计划"里，进行考核。并把考核结果和小贴画、巧克力、玩具等，按照价值和她对这些东西的喜爱程度对应起来。

小贴画，是每天每个项目认真完成后就可以得到的。**巧克力或者小橡皮**，是每天都保质、保量完成考核任务后得到的。**小橡皮或者小贴画，累计到一定数量，就可以换取她想要的奖品**。比如累计到月底就可以换月度收益——她最想要的德国斯乐马模型玩具；累计到年底，就可以换取年度收益——一次国内或国外旅行或者一件比较贵的玩具。用这种方式，我们把每个项目，每一天所有的项目，每个星期、每个月、每个学期、每年的目标，链接起来，然后像滚雪球一样滚得又圆又大，又瓷实。

惩罚措施：对抗抗的惩罚措施跟马有关。如果孩子犯了严重的错误，或者连续两周不能达到目标，我们就没收一个马玩具，最喜欢哪个，就收哪个。我们称之为"留马察看"，会给抗抗2～4周的时间进行改正、改进，改正、改进后会把马玩具重新奖励给她；如果不能改正错误，就会把这个马玩具"扔了"。这一招对抗抗特别有效，因为每一个马玩具，都是她经过一个月或者一个学期的努力辛苦挣来的，她特别宝贝它们，她给每一个马玩具都起了名字，在她眼里，这些"小马"就是她的孩子、她的伙伴。

当然，我们不会把孩子当成机器一样推动，会给她休息的时间。比如，每天都有时间留给她专注于兴之所至的事；每周至少有一天，她可以不考虑学习的事情，只做自己爱做的事情；到了每一年的暑假，无论是在国内还是在国外旅行，我都不给孩子定任何任务。没有作业、没有阅读任务或读后感，让她充分享受一个自由、快乐、毫无羁绊的假期。正如登峰途中那一处处的凉棚，为登山者提供甜蜜的休憩，也让他们尽情放眼天下，享受汗水换来的美景。

|追梦十年|

2018年前夕，跨年前的几分钟，14岁的抗抗在朋友圈里分享了她的2017年年度总结和2018年年度展望：

2017年，该做的事都做到了/想做的事也都做完了/尽管有很多遗憾/总还是有机会的吧！

2018，会很不同/说实话，心理上还没有完全准备好/但是一定/会很努力的！

看到抗抗的总结，我很欣慰。寥寥几句、平实简单、

 我女儿会五种语言 |

质朴无华,但是透着自信、执着和坚定!

2017年,她按计划参加了很多对一个十三四岁的孩子有难度的考试,都获得了较为理想的成绩,如获得歌德学院的德语B2证书;参加了英语雅思考试,成绩:7分;获得了古筝10级证书;在马场的内部小型比赛中,获得了1.2米障碍赛的冠军。她还自己撰写德语、英语自荐信,申请了德国的学校……

从2008年到2018年,这一路走来,她一直清醒地知道自己想要什么。去德国高中读书,标志着她的第一个十年目标彻底实现,后十年的目标也就此展开!

第五部分
语言带我们走向世界

没有语言,我和抗抗这样的普通人只是拉车的马,拉着生活这架沉重的马车举步维艰,只有遥不可及的诗和远方;有了语言,我们就是独角兽,独立、自由、勇敢地飞翔的独角兽,诗与远方只是振翅的距离,梦想就在触手可及的地方。

14　读万卷书，行万里路

很多孩子，在学习能力最好的那些年岁，都在读书中度过，以为读书就是全世界。书中当然有一个博大精深的世界，但是如果缺乏对世界的理解，缺乏对生活的体验，我们是无法真正理解书中的世界的。我想，图书不是孩子的世界，世界才是孩子的图书。我们在家学习各种语言和知识，在世界上行走，运用和检验我们所学，也学习更多书上没有的东西。每一次旅行，都是游学，在旅游中向世界学习。

每一次和跟我们的生活方式非常不同的人们交流，我就了解到更多他人身上蕴藏的智慧。这些智慧，让我对不同保持敬意，愿意用更开阔的心来理解不同的人、不同的生活方式、不同的文化与习俗。每一次出行，我都尽量自己来安排行程，没有让旅行社全包过，因为准备过程也是游学的重要一部分。

经历了生儿育女，经历了生活的风风雨雨，经历了在世界各国的旅行，经历了不同人的不同生活，我对学外语有了更深入的体会。

|成为更好的人|

我们走出去了，超越平时的世界，才会看向了更广阔的地方；体验过了各种不同，才真正了解自己的独特，坚定自己的选择。要走到更大的世界去，掌握多种语言，无疑是很好的助力。到如今，我带着抗抗在世界上走过了十多个国家，认识了很多朋友，体验过各种各样的生活。如果没有学习外语，很难想象我们能够这样走出去了解世界。

一般在出发前，我们通常要阅读大量的自助行游记，对游学国家的历史、地理、文化、宗教以及艺术有大概的了解，同时准备好到当地见到当地人后希望了解的问题。比如说，德国人真的都很严谨吗？德国人对发起"一战"、"二战"的历史怎么看？西班牙为什么不能禁止斗牛活动？西班牙民间对英国占领他们的直布罗陀什么态度？葡萄牙和西班牙关系怎么样？美国人为什么不愿意管控枪支？英国人为什么要求脱离欧盟（后文简称"脱欧"）？墨西哥的治安真的不好吗？墨西哥人对西班牙殖民历史怎么看？……

2016年英国脱欧公投后，我们正好在当地。有一天，我们和英国出租车司机聊天，他说："部分英国人想脱欧，是因为他们觉得欧盟很多国家的人到英国来抢了他们的工作，可是他们没有想，我们本地人的就业竞争力为什么下降？主因就是全世界都学英语，我们英国学生有语言优越感，认为母语足够走世界，造成他们不思进取，在全球化的今天丧失了国际竞争力。很显然，英国的问题，不是脱欧能解决得了的。"

或许这个观点有些偏颇，但是这位司机话中的这一层意思：全球化的今天，掌握了较好的外语能力，可以提高人的国际就业竞争力，我认为还是有点道理。

在我们和当地人的聊天中，也不可避免地被问一些问题，这些问题反映了外国人对我们的偏见，比如经常会被问，中国人都喜欢吃狗肉吗？当他们听到中国只有极少数地方有吃狗肉的传统，而绝大多数中国人不吃狗肉时，我发现，人们发出的不是评判和质疑，更多的是理解和善意。正如我也在交谈中了解到，只有少数西班牙人支持斗牛活动，而墨西哥只有北部少数地方不那么安全。

我们也感受到很多外国人对中国文化的热爱，对中国人的热情。我们在爱尔兰的房东，曾在2007年夏天带着三个儿子一起来过中国。在西安，她看到明清时的柜子时，爱得不能自拔，经济本不宽裕的她本已离开西安，因怎么也放不下，最后还是返回西安买下来，寄回爱尔兰。

我们的德国朋友Annemaria，在德国经营私人中医诊所，痴迷于针灸、拔罐，对中国文字也兴致盎然，每天都

有络绎不绝的病人到她家求医；德国朋友Wolfgang家里珍藏着20年前在中国购买的中国象棋，还有各种中国的票据；我们的西班牙朋友Encarna，是个单亲妈妈，收入并不宽裕，一个月工资只有一千欧元，为了带儿子到北京来玩，她存了很多年的钱，她的家里也挂满了中国字画；在墨西哥一个当地人常去的餐厅里，一个个对中国人好奇的食客，主动坐在我对面聊天，聊完后有的热情地替我买单，有的跑回自己家拿来小礼物送我。

我也发现，原来每个国家的人都有热爱国家的一面，也都有抱怨政府的时候，没有哪个国家、政府是完美的。相比较而言，我们自己的国家安定、富足，是很多外国人羡慕的对象，我们旅行过的每个国家，都有很多朋友对中国文化充满着向往，对中国30年的发展变化，对中国政府的高效称赞不已。他们也会抱怨西式民主的效率低下、众口难调。

和各国的人直接接触和交流，为我们提供了一个当事人的视角，一次次刷新了从书本上、从新闻中获得的带有目的和偏见的内容。这些经历，使我们更加客观地认识我们的国家、我们的文化、我们的历史。

Part 5 第五部分 语言带我们走向世界

曾有孩子对我说:"我们中国这么好,为什么要学外语,应该让别的国家的人都学中文!"也有孩子说:"喜欢学外语的人都崇洋媚外,不爱国!"我都告诉他们:孩子,学好语言,让你的思维更开阔,胸襟更博大,这些变化会让你理性地爱自己的国家,也让你更好地成长自己。

曾几何时,我也是一名"愤青",会向往西方,会担心中国人在世界上的形象。但走过了许多国家之后,我才发现中国人在这个世界上的形象,并不差。很多不文明行为,也并不是只有中国人有。如梵蒂冈西斯廷教堂里,人声鼎沸,各个国家的人都有;纽约地铁里,也有人随地丢垃圾;墨西哥城闯红灯的行人或者车辆也不少;西班牙马拉加人行道上,如果不留神就容易踩一脚狗屎;巴黎埃菲尔铁塔上,也会有人丢弃饮料盒;葡萄牙里斯本,老人们会随地吐痰……

我相信,中国发展到今天,世界上已经没有多少视野开阔、理性智慧的人特别去歧视中国人这个群体。而我们自己,也要端正心态,不自卑也不自傲。学习别人并不是崇洋媚外;爱我们自己的国家,同时也要尊重和理解其他国家人民的情感、信仰和生活习惯。

我们认识的朋友,有非常富有的,也有孑然一身行走天涯的,但他们对生活的热爱、对他人的善意,让人感叹人与人之间尽管隔山隔海、隔着不同的文化和生活方式,但人类对爱、善良、慷慨、自由等普世价值的追求是永恒的。地球是个村,地球上的人,种族、国籍会有不同,但人性是一样的,只有尊重、理解和包容,才能使我们的地球战争少一些,和平多一些。

锻炼出孩子的能力和自信

抗抗五岁的时候,我答应她,英语学好了就一起周游世界。后来,她八九岁了,具备了一定的听说能力,我就带她到旅行中去应用。在这个过程中,抗抗因为使用语言而感受到了自己的能力和价值,越来越自信。

旅行让她把语言学习从动画片、书本中切换到真实的世界。她切切实实地感受到,语言不仅仅是知识、技能,

Part 5 第五部分　语言带我们走向世界

更是生活的一部分，它能帮助我们走到更大的世界里，多语言使我们的行走和生活更加便利、生动、有趣！

2016年暑假，我们在美国的第一站，住在纽约上曼哈顿区，那里的居民以拉美裔居多。第6天，我们到一个洗衣店去洗衣服。一进洗衣店，我径直走向女店员用英语说："我们可以在这里洗衣服吗？"服务员一脸"蒙圈"。凭着直觉，我对抗抗说："抗，你来！西班牙语！"

抗抗上前一开口，店员的脸上立刻开了花，绽放出笑容，她热情地教抗抗怎么洗衣服。抗抗走到哪儿，她跟到哪儿，指导她如何换币、洗衣、烘干……语言让天各一方的两个人在一瞬间拉近了距离。

抗抗11岁的时候，我们在西班牙和葡萄牙旅行，因为语言便利，她成了照顾妈妈、解决问题的"小大人"。地铁的售票机没有英语的菜单项，抗抗负责买票；酒店里的服务员不通英语，也由抗抗负责沟通，她一口标准的西班牙语引得服务员笑逐颜开，登记、入住、离店、行李暂存这事情，都交托给了我的"小大人"来处理。

抗抗在英国参加夏令营时，参加的孩子们来自西班牙、德国、波兰、法国、中国等不同的国家。会说多种语言的抗抗，被老师邀请，担任随行小翻译，帮助解决了不少问题，受到大家的欢迎和尊敬。

学习多种语言，不仅仅是能使学习者运用每一种语言，还能混合使用这些语言，让人能够辨别各种口音的非纯正的语言。

还记得，在西班牙的时候，Encarna带我们去她的表妹Susana家，他们开了个动物诊所，救助了很多动物，家里简直就是一个小型动物园：羊、驴、鹿、孔雀，二三十只狗、几十只猫，还有宠物猪。Susana的两个男孩儿，年龄跟抗抗差不多大，都在上学，但他们竟然负责照顾家里的上百只动物！

Susana家有一个工人，来自葡萄牙里斯本，是个驯马师。他带Encarna的儿子Gustavo和抗抗骑马。他讲一口葡萄牙口音的西班牙语，Gustavo听不懂，但抗抗听得"畅通无阻"。大家觉得很惊讶！其实，虽然抗抗的葡萄牙语当时说得还不怎么好，但是语言的训练，让抗抗的听力非常好，所以她能听懂。

Part 5　第五部分　语言带我们走向世界

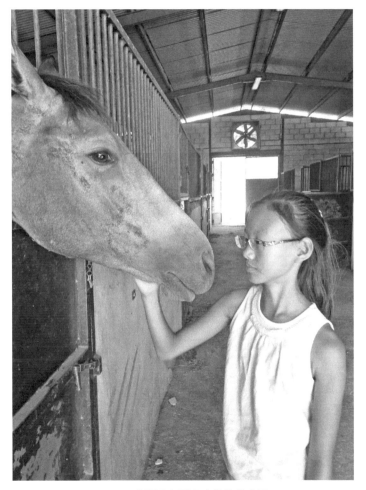

Susana家那只想要亲吻抗抗的大马

这些体验,让抗抗深深感受到掌握多种语言的好处,不仅能帮助自己解决生活中的问题,还能让妈妈这样的大人都需要她的帮助。抗抗变得更加自信,更把自己当大人看,更愿意帮助他人处理问题。游学回来之后,她对语言学习也更加乐此不疲。

# 15 我们的穷游经

我们是在经济上很不宽裕的情况下,开始旅行的。这么些年旅行下来,也攒了不少穷游经,写出来分享给大家。我想要告诉读这本书的人们,即便我这样的普通人家,也可以让孩子具有世界性的视野,贫穷不曾限制我们的想象,胆气和行动带我们走向世界!

|安全意识|

很多人问我,每次你一个人带着孩子一次次国外旅行,住在陌生人家里,你不担心吗?你把孩子直接送到国

外那些完全不了解,也没有国内熟悉的人推荐的夏令营,你不担心吗?让14岁的抗抗一个人乘飞机去德国上学,你都不送,不担心吗?

不担心是假话!在异国他乡遇上困境的时候,女儿一个人在完全陌生的国家参加夏令营的时候,我也会惶恐、担忧。我在去墨西哥旅行前,为了求证墨西哥持枪是否合法在网上搜索,搜索到在墨西哥曾经住过的中国人讲述他们的各种恐怖经历,惊得难以入睡。

但是,我的胆气在于,即便我担心、忧虑,也绝不轻易放弃,绝不止步不前。因为我了解,不管身在哪里,都有可能发生意外,世界上没有绝对安全的地方。即使在自己家,也不能保证百分之百没有危险。我记得有这样的报道,一位女士睡在自家床上,半夜地面沉陷,出现一个大坑,床翻了,人掉到了深坑里……也有些人在咖啡馆、电影院,因为突如其来的急病而去世。

面对不确定,我们能做的,是接受挑战,是尽量做好准备,尽可能地将安全隐患降到最低,甚至有万一不走运也接受后果的心理准备。这些年,我们总结了一些旅行的安全准则。在选择去哪个国家、选择什么接待人时,我们都有安全方面的考虑。

在选择旅行国家时,遵循两个原则

1. 不去动乱的国家;

2. 不去歧视妇女的国家。

在选择住宿家庭时,遵循以下原则

1. 根据Couchsurfing网站或者Helpx网站上的评价来选择接待人(具体如何选择参见后文"沙发客和以工作换食宿"),没有评价的新会员的家庭不去,仔细阅读已有的评价,不去哪怕只有一个负面评价的接待人家庭;

2. 选择跟我年龄接近,有孩子的完整家庭,尤其不去单身男性的家庭;

3. 选择对中国文化感兴趣的家庭;

4. 选择语言爱好者的家庭。

每次在出行前，我们都会在国外网站上查询当地的安全状况，这些时候，语言的便利性不言而喻。信息来源主要有两个：①相关新闻报道；②旅游论坛的游记。

新闻比较容易查询到，但网络上的各种新闻，并不足以让我们了解当地真实的安全状况。新闻报道中负面消息偏多，因为报道者要博取眼球，也因为这些报道多出自于西方强势媒体，他们为了宣扬自己的优越性，往往会夸大其他国家的负面新闻。比如，我在去墨西哥之前，看了很多来自英美的新闻，大多写墨西哥的黑帮是多么猖獗，贩毒和暴力是多么严重。这让人觉得墨西哥是个非常危险的地方，连美国总统特朗普都想建座墙把墨西哥人挡在国门外。

但我相信亲身经历比道听途说更有说服力，所以在蚂蜂窝、携程以及一些英语网站，读了很多自由行游客的游记，也读了《孤独星球之墨西哥》。综合考量下来，我认为：墨西哥东南部不会比美国更危险。

等我到了墨西哥，在东南部瓦哈卡和梅里达旅行，亲身感受到了这里的治安状况。晚上九点以后，在街上依然有许多悠然独行的妇女。对比曾经在美国的两个月所感受到的安全状况，确实墨西哥东南部更加安全。

到了旅行目的地之后，到了接待人的住所，先问当地人几个问题：

1.这里犯罪率高吗？

2.这个城市哪些地方安全、可以去？哪些地方不安全？请帮我在地图上画出来。

3.晚上出行安全吗？

他们一般都会给我们一些建议，我们会严格按照这些建议来做，甚至比他们给的范围更加谨慎，即便在城市里，不安全的区域我们坚决不去；即便得到的回答是晚上很安全，我们也不会走夜路；我们通常也不与主动拦住我们的陌生人搭话，避免不同文化之间一不留神产生不必要的误会。

我常常跟孩子说，人生有太多的不可预料，所以我们要用有限的生命，去体验世界的精彩，不要被自己脑海里编织的恐惧困住了双脚。在这些年的旅行过程中，在对孩子的教育选择过程中，有时候，我也会因为别人只言片语的担忧，被别人不好的经历扰乱心绪，然后惶恐。每每这时，我就告诉自己，所有看似安全的地方，都有可能蕴藏着风险。比如教育，和众人一起接受体制教育就安全吗？是经过体制流水线生产的无数相同的"人才"在未来更有价值，还是根据孩子自身的特点、因材施教而培育出的人更有价值？我想，每个人会有自己的答案。于我而言，家庭才是决定教育成果差异的地方。

每一次细思量，最后我都告诉自己：留个心眼、壮起胆子、硬着头皮，继续前行！我宁愿做一个勇敢的、孤独的探索者，去体验略带些刺激的未知，去获得不经历风雨难见彩虹的认知，去成为别人眼里的"不一样"，也不愿意哑巴着嘴，羡慕别人的故事。

| 钱不多旅行法 |

每一次旅行，我们会规划好重点行程、次重点行程和非重点行程。重点行程，通常会根据抗抗所学语言的进度，给她安排一个月左右的当地夏令营，如菲律宾、德国、西班牙、美国、英国的夏令营等；次重点行程通常是在重点行程前后，到附近的国家或者地区走一走；非重点行程，就是如果时间允许会在安全的前提下，做一些随机旅行。

这些年，我们在国外旅行的时间，累加起来约1年了。在这个过程中，我们形成了自己的**钱不多旅行法**：

1. 住宿选择：通过Couchsurfing、Helpx、Airbnb平台搜索寻找合适的当地人家庭入住，而不是旅馆。通过做沙发客或者以工作换食宿来减低住宿的费用。同时，与当地人同吃同住，有助于深入了解当地的历史、文化、人们的生活习惯，与他们交流政治经济、文化艺术等话题。

2. 交通选择：尽量使用公交系统，到达后尽量步行。一方面节约交通成本，另一方面有助于细细地去观察街道两边建筑的门窗、墙上的绘画，欣赏地上的涂鸦，查看路边的花朵、植物，感受行人的脚步等。

3. 孩子的夏令营选择：自己在Bing.com直接搜索目标国家的目标地区的本土夏令营，而不是跟国内学校或者旅行社安排的夏令营。

4.旅行做什么：

a）多参观博物馆和艺术馆，但每天最多一个。在出发前做好准备工作，通过网站Bing.com搜索并阅读该馆的介绍，对展馆的历史和展品有一个初步了解。到达后，阅读每一个展室的介绍，对感兴趣的展品仔细学习，尤其是著名展品。比如在艺术馆，我会欣赏最著名的，或者自己感兴趣的每一幅画，并阅读画家介绍、绘画风格，不懂的地方马上查手机学习。

b）深入了解当地文化。逛各种当地的市场，了解该国、该地区、该城市的饮食习惯和价格。参观著名大学的校园、大学博物馆，以及关于该校历史的展厅。

沙发客和以工作换食宿

如果说我们前期的语言交换，是关上了家里的门，打开了世界的窗；那沙发客和以工作换食宿带给我们的，就是迎接世界各地的人，敲开世界各地的门。

couchsurfing.com 的首页

受到语言交换的启发,当时经济不宽裕的我,在网上搜索解决住宿的免费方式。沙发客网站 couchsurfing.com 和以工作换食宿的网站 helpx.net 进入我的眼帘。当时,这两种形式都需要实名注册,并缴纳大约 100 美元左右的会员费。

在中文里,人们把couchsurfing称为"沙发客",顾名思义就是说睡沙发的客人。在沙发客网站注册的用户,一般有两种身份:接待人(host)和沙发客(surfer),也就是说你可以作为接待人,为向你请求住宿的沙发客提供一个睡觉的地方或者给他们当向导;当你去别的地方旅行的时候,你也可以向当地的接待人请求提供住宿或者向导,当然,都是免费的。

HelpX相当于国际义工界的淘宝平台,接待人(host)和帮工(helper)类似于卖家与买家,只是不支付金钱,而是帮工以劳动来换取接待人提供食宿。和沙发客一样,对于经济并不富裕的旅行者而言,HelpX提供了非常好的旅行帮助,既可以省钱,又可以进行文化交流。类似的网站还有Wwoof等。

对于接待人而言,帮工的劳动使他们省了不少人工费。欧美国家的人工费比较昂贵,在这个网站注册的接待者,比如一些农场主或马场经营者,往往希望利用闲置的资源来换取免费的帮工,同时还让自己足不出户也能更多地了解世界。一般情况下,帮工每天平均工作2～4个小时,可以得到免费的食宿和农场提供的周末或者日常旅

Part 5 第五部分 语言带我们走向世界

helpx.net 的首页

行。具体的工作时间和内容，由接待人和帮工商量决定。比如在德国，我通过提供劳动，换取我和抗抗在马场的食宿和抗抗的马术夏令营。

沙发客和以劳动换食宿网站不同的是，沙发客的接待人一般只会免费接待2～5天，而以工作换食宿的接待人则希望你待得越久越好。无论挑选沙发客的接待人还是劳动换食宿的接待人,都是一门技术,也带着一点运气。

这两个网站都有接待人和被接待人之间的互评,**我选择接待人的经验就是:多看评价,差评多的就不去。**

我们在 couchsurfing 上与沙发客的互评

在别人家无论是做沙发客(surfer)还是帮工(helper),都要遵守我们和接待人之间的约定,更要注意我们的行为习惯,展现出我们的素养和尊严,比如,不在除了厨房以外的房间吃东西,始终保持房间干净、整洁,需要什么东西要征询主人同意;还有约定好了就一定要准时赴约,如果有变故也要最快通知人家;如果是帮工,还要认真地做好自己的工作。

我想，沙发客和以劳动换食宿的意义并不只是免费，更是传递善意，便于人们对不同文化、不同生活方式进行深入体验。我时常觉得，如果我们飞越千山万水，只是到一些著名的旅游景点，浮光掠影地看一看，那只是观景而已，就好像站在宝库的窗外往里瞥了一眼，没能真正欣赏其中的珍宝。我们走过的那些地方，那里的人们的生活方式、文化信仰等，他们对政治、经济的看法，以及对世界的认知，也就是当地人的所思所想，才是最重要的。人们头脑中的智慧，才最能拓展我们思想的疆域。正如，你来读我的这本书，本质上也是来了解我的生活和我大脑中蕴藏的东西。

接待沙发客

加入沙发客的会员后，我和抗抗接待了来自世界各地向我求助的沙发客。因为条件有限，我们不能为他们提供免费的住宿，但我们可以给他们做导游。三年时间内，我和抗抗接待了20多个国家的沙发客，他们来自加拿大、美国、巴西、奥地利、哥伦比亚、德国、法国、西班牙、

2012年，抗抗接待来自加拿大的沙发客13岁的Max，三个人开音乐会（左起：Max、抗抗、我的学生Selina）

葡萄牙、巴基斯坦等国家。

我和抗抗带他们逛我们这里的农贸市场，看当地人在饭桌上吃什么；带他们到茶楼，按照中国人的方式喝茶；带他们去饭馆、胡同等一些老北京人去的地方……

在接待他们的过程中，我们向他们介绍中国的文化，如文字、音乐、食物、茶文化等；与此同时，也会向他们

2013年，抗抗与西班牙的沙发客在北京大觉寺游玩
（左起：抗抗、Encarna、Encarna的儿子Gustavo）

提出问题，和他们讨论国际热点问题。这样的交流，正如打开自家的门，让世界走进来。

第一次做沙发客

接待沙发客好比打开世界的窗，去倾听别人的故事，但这并不是我们的最终目的。我们还要走出去，敲开世界的门，去体验、去学习。外语就是敲开世界大门的钥匙。

有了一两年的网络语言交换和接待很多国际沙发客的

经历。到了2012年，关于如何走出去，我已经完全没有顾虑了。在我看来，满世界都是房子，到处都是落脚的地方。

我们首先在国内体验了一下做沙发客。那是在张家口的彩虹桥沙发客志愿者站，我和朋友带着孩子们住了一晚，两个孩子抢着睡沙发，兴奋了一夜。这个志愿者站，是由我最钦佩的十几年的资深沙发客、北京媒体人孔蕊大姐建立的，目的就是回报世界。因为孔蕊大姐要工作，由一个六十多岁的美国人Richard长期在这里当志愿者负责接待沙发客，并在当地的小学做助教志愿活动。当天晚上住在那里的有一个以色列女孩、Richard和我们，这让我们有一种身在国外的体验。

16　在各国游学、旅行

这些年,我们走过了十多个国家。

|第一站:菲律宾|

2012年1月,我第一次带抗抗出国旅行,我们选择了菲律宾,最主要的原因是菲律宾曾是西班牙的殖民地,菲律宾的上流社会说西班牙语,后来又被美国殖民,大多数菲律宾人都能说英语。当时抗抗的英语很不错了,又在学西班牙语。去菲律宾,这两门语言都能得到应用。

还有一个重要原因是，菲律宾是Bob在的地方。Bob是我在雅虎的家庭教育聊天室结识的朋友。他是美国人，在菲律宾工作，有两个孩子。老大是女孩，比抗抗大一岁；老二是男孩，比抗抗小一岁。当时，我正在为抗抗上学的事情烦恼，担心孩子如果不能去学校上学，会缺乏社会交往，担心她未来社会活动会不会有困扰。一听说，他家两个孩子不上学，夫妻俩在家自己教孩子，就觉得很新奇。Bob跟我介绍了他的教育方法，还从菲律宾给我寄了书，给了我很大的启发。在我去菲律宾之前，我们素昧平生，他的慷慨让我非常感激，去菲律宾也是希望能去拜访他，向他致谢，也向他学习教育经验。

当然还有经济方面的考虑，菲律宾离得近，物价便宜。当时，我熬了两夜在民航公司的网站上抢到了0元的特价票，大大节省了出行费用，加上各种税，四飞的机票费共计2000元。当地的住宿和吃饭，也非常便宜。我们两个人在菲律宾待了30天，吃饭、住宿、交通、游玩加上买礼物，花费不到1.5万元人民币。

到了菲律宾，我们找到了Bob家，在那里和他们一家度过了难忘的时光。抗抗和Bob的孩子，还有Bob朋友的

抗抗和Bob的孩子在塔克洛班Bob朋友家的游乐场

孩子玩得很开心。抗抗的英语和西班牙语学习为她的交流提供了很大的便利。我的英语也不错，原本信心满满，到了菲律宾，却因为经常听不懂菲律宾口音的英语而卡壳儿，但抗抗却能听懂。这让小妮子非常得意，切切实实地感受了一回学习多种语言的优势。

离开Bob家之后，我们又去了其他岛屿。当时正值春节，菲律宾也过中国年，全国大年初一都放假，到处舞龙耍狮、张灯结彩，我们切切实实地在异国他乡过了个年味儿十足的中国年。

 |寻梦之旅：德国行|

自从抗抗爱上了马术，德国就成了她的梦想之地。2013年6月25日，抗抗9岁，我终于带她踏上了德国的土地。早在当年的2月，我就已经找好了接待我们的三个家庭，其中两家是以沙发客的形式，提供我们共计10晚的免费住宿；另外一家是通过工作换食宿的方式进行合作，为我们提供20天的食宿和2周的马术夏令营。

Annemaria家是我们在德国的第一站，她家住在德国南部慕尼黑附近的一个风景优美、安静闲适的小镇上。她大约55岁左右，熟练掌握三种语言：德语、英语和西班牙语。Annemaria痴迷于中国文化，最大的爱好是研究中国文字。她虽然不会说中文，但痴迷于中国文字里的哲学含义，不管多忙，每天都会抽空用电脑软件学习、研究2个汉字。她自己本身是个中医，在家开针灸拔罐诊所，在慕尼黑附近很有名气，经常到中国学习。她很富有，也很乐善好施，在接待我们之前，她已经接待过来自世界约60个国家的沙发客。

Part 5 第五部分 语言带我们走向世界

虽然在出发之前,我们已经在张家口体验了一晚做沙发客的感觉,但这是第一次住在不同国家、不同文化、不同生活习惯的陌生人家中,我们心中一直很是忐忑,生怕出什么错。在约好的7天里,我带着女儿尽自己最大的能力做事,如做饭、帮助整理菜园等。

说起来做饭,可不是我们在国内那么简单。首先,德国燃气灶的温度不如国内的高,火调到最大也不能炒菜,只能摊煎饼;尽管找不到葱姜,我还是试着包了饺子,结果煮出来都是片儿汤;没有电饭锅,想做米饭,也只能像我小时候那样,一边煮一边用勺子搅来搅去,不然就糊锅

我在德国做中国菜(右起:Annemaria、Wolfgang、抗抗)

底了。

再说整理菜园子,我从小在农村长大,一开始我想这还不是手到擒来吗!结果,完全找不着调。回想起来,也是一段尴尬、有趣的经历。

记得当时Annemaria带我去种菜,一看菜地,我傻眼了!我们通常的做法是先挖地,但他们完全不挖地,而是先用木板圈出一个方形的菜地,然后推着独轮车到几十亩那么大面积的院子里收集来干草,铺到菜地里,铺得厚薄均匀,用双脚踩实,在上面盖上厚厚的一层土肥。这些土肥都是他们平常在厨房里攒出来的厨余垃圾,如水果皮、剩饭等,加土沤出来的。我们将温室大棚里育好的小苗端出来,就开始种菜了!我一脚踏进地里,脚就陷到干草底下去了,而脚周围的干草和树枝全立了起来。Annemaria告诉我:"在比较稳当、草没立起来的地方下苗就行,尽量种得密一些。"

种完菜苗,该浇水了!菜园里有两个大缸,一年四季专门接雨水用来浇菜地。我提着桶,拿着水瓢,尽量踩着原来的脚印,小心翼翼努力不犯错。可是,一瓢水下去,一株小苗冲倒了，再一瓢水下去，又一株小苗冲倒了……尴尬至极！Annemaria安慰地说："没事，过几天再看！"我离开Annemaria家之前，去看了一下，只能说，还好没全军覆没……

虽然我没有自己期待的那么表现完美，但7天之后，Annemaria坚持要我们在她家继续住3天，第二个接待家庭的主人Wolfgang非常理解，陪着我们玩了三天。

马术夏令营

10天之后，离开Annemaria家，我们从慕尼黑的迪森坐火车一路向北，去第三家——接待我们的马场。德国的火车站，没有检票程序，被如此信任，让我很是惶恐，百感交集。那天，我们一早到达火车站，发现我所要乘坐的那趟火车，居然临时取消了。到问询处换票，抗抗当时德语学得还很初级，我们言语不通，比划了好久服务人员才给我们打了车票。到了火车上，和其他旅客用英文一聊，才发现，服务人员打错了信息，把本来换3次火车就能到达目的地的票打印成需要换乘5次的。哈，德国的火车，果然如德国人说的：那是个灾难！

下了火车，马场主Maria已经带着她的女儿等在车站。在去马场的路上她给我们介绍了大概的情况。Maria的马场刚开两年，由她和男朋友一起经营。他们所在的村子非常小，最多的时候有10户人家，40个人。那里到处是大片、大片的土豆地和草场，成群的奶牛和高大魁梧的马安静而悠闲地啃着青草。Maria家大概有40多匹马，其中有一半以上，是马主寄养在她家的。

根据我和Maria在网上达成的协议，我在马场的职责是：做2顿饭和其他一些工作，每天工作4个小时左右，以换取我们母女俩20天的食宿。

我们到达的第二天，其他的孩子们也都到了。一共有5个孩子——4个女孩和1个男孩。其中有2个女孩，和抗抗同岁，她俩是好朋友相约而来，之前经常参加这样的夏令营，有自己的冰岛小马，对马厩和马匹打理都比较在行。另有2个女孩儿，一个5岁多，一个6岁多。还有一个9岁的、不爱吃饭的小男孩，我们打趣他是喝空气长大的。

这些孩子来自德国北部，不像德国南部的孩子那么早启蒙英语，他们都不会说英语。当时抗抗德语学了四个月左右，无法用德语流利地和他们交流。抗抗追着两个同龄的女孩子玩，而她们躲着抗抗。看到抗抗很沮丧，我啥也没说，只是默默地观察。有一次，孩子们一起给小马套缰绳，可能因为其中一个女孩儿套得慢了，抗抗没有经过对方的同意，就从对方手里把马缰绳拿了过来。看到女孩的表情，我明白了问题所在。

晚上吃饭时，抗抗很是消沉，哭着对我说："妈妈，她们都不跟我玩。"

我问："你觉得问题在哪里？"

抗抗摇头，我告诉她："以后不能从别人手里夺东西，你需要向她们道歉。如果用口语不能表达，身体语言也同样可以达到沟通的目的。另外，今后不管她们还愿意不愿意和你交朋友，都不要去追她们。记住：朋友是吸引来的，不是追来的！"

第二天，抗抗找到她们用英语和德语道了歉，情况得到了缓和。同时，抗抗也有意识地不再追着她们，和其他

抗抗和夏令营小伙伴一起刷马

两个小一点的女孩一起玩。两天之后,抗抗自己玩时,那两个孩子慢慢地凑了过来,一切和好如初!

那些天,每天6点天刚蒙蒙亮,抗抗就起床刷马、打圈遛马、清扫马厩,忙得不亦乐乎,直到夜里12点才回房间睡觉。如果我不去马场,只是呆在生活区的话,只能在吃饭时看到她。尽管每一天的马场活动对她而言并不是都很顺利,她却一直处于废寝忘食的状态。

夏令营结束了,我们即将回国的前一夜,抗抗发起了高烧,痛哭着问:"妈妈,你为什么要带我回国?我在德国过上了我梦想中的生活。"

抗抗在夏令营骑马

我说:"现在有两种办法可以让你过上梦想中的生活。一种是,妈妈和爸爸分开,从此我带着你在德国生活;还有一种是,靠你自己努力,以后到德国来读书、生活。"正如我所料,抗抗毫不犹豫地说:"我要靠自己努力!"

2013年8月,到德国学习马术,正式成为她梦想的那一端。从她在北京的平凡、枯燥的学习生活到她渴望的到德国进修马术的生活,这两端之间,是她要走过的距离。她明白,自己每天多学一点,就离梦想更近一点。从此,抗抗对学习更上心了。

西班牙夏令营及游学生活

2014年暑期，我们在西班牙、葡萄牙和波兰一共待了45天。在西班牙的经历非常难忘。我们的朋友Encarna，是一个住在西班牙第三大城市马拉加的单身妈妈。2013年9月她带着13岁的儿子Gustavo来北京旅行前，通过国际沙发客网站联系到我。希望我们能带她母子俩在北京玩几天。他们来了之后，我和抗抗一起带他们玩了三天。我们逛了北京的菜市场、古董店、茶城；带他们去了大觉寺、长城、北京著名的艺术村798；带他们品尝了北京烤鸭、四川火锅、眉州小吃、北京小吃等。

Gustavo对中国文化非常感兴趣，在2013年来中国前，他已经跟着一个在西班牙的台湾留学生学了两年中文，但是因为使用的是读写加翻译的方式，在北京时，他还是无法做简单的交流。我和Encarna用英文交流，而抗抗和他们一般用西班牙语交流。听到我说有计划2014年去西班牙，他们非常开心，一直邀请我们到马拉加去，住在他们家里。

参加西班牙马术夏令营

2014年，在我们拿到签证后，Encarna迅速地在马拉加周围找到了一个据说由欧洲马术季军办的每日接送的马术夏令营。于是暑假，我和抗抗出发了！

在西班牙时，因为我的西班牙语还是停留在"Hola（你好）"的水平，买票、酒店入住等事情都需要抗抗解决。尤其是和西班牙人在一起的时候，我需要依赖她翻译，才能明白他们聊什么。只看见小家伙越发觉得自己非常了得，她的小脸一天比一天仰得高，鼻孔都仰上天了。

为期一个月的夏令营，抗抗和大大小小的当地孩子们在一起骑马、游泳、玩耍，新奇又兴奋。下午，她从夏令营回来，总会兴高采烈地给我讲述马场的各种趣事。比如那只淘气的"大肚羊"，总在身后用头偷偷顶人，追着小朋友们玩；那位屡次邀请她去家里做客的、爱哭的西班牙男孩；中午和小朋友们一起比赛，在游泳池里翻跟头、潜水、跳水；或者，静悄悄地突然出现在她身后，嗅着她的头发、拱她，求抚摸的大马……

每天下午，我们一起出去，我也收获着来自街坊邻居

孩子们爱大马

和路人听到她说西班牙语后的惊奇、称赞。当他们得知，我们并没有在西班牙或者讲西班牙语的国家生活或者学习过，更是互相传递着"中国小孩真聪明、真厉害"的称赞。在小商店里，售货的店主，因为抗抗说西班牙语，面部表情从木然一下子转到惊喜。这一切都使她更加自豪。这种深入当地生活、交流、体验的方式，使孩子直观地感

抗抗和参加马术夏令营的小伙伴

受到了语言所带来的便利性、实用性，促使她更加积极地学习语言。

教中文换住宿

在波兰华沙和葡萄牙里斯本、辛德拉短期旅行后，我们飞到了马拉加。马拉加在西班牙南部，是一个沿海城市，山上长满了橄榄树，不由得让我感觉自己就像是三毛。Encarna家离海滩走路就10分钟，站在她家阳台上就能看到黑黑的海滩和颜色由黑逐渐变蓝的海水。

在Encarna家，我负责做午饭，教她的儿子Gustavo学中文，每天一个小时。但Gustavo当时正着迷于编程，不大愿意学习中文。于是我想了个办法，让抗抗与他互换教学，当时抗抗10岁，Gustavo12岁，两人很有共同语言。抗抗教Gustavo学中文，Encarna付给抗抗每小时5欧元；Gustavo教抗抗学西班牙语，我付给Gustavo每小时5欧元。能挣钱，这两个家伙，乐坏了，从不愿意学，到催着对方学。

有时候，他俩一边玩X-box游戏一边学中文，我在外面听见抗抗不断地喊"Gustavo，说！"Gustavo的声音"加油！""糟糕！""快点儿！"不断从里面传出来，好欢乐！有时候他们吵成一片，有时候又和好如初。

到了周末，Encarna不上班，就驾车带我们到一些地方玩，如格拉纳达，这是在西班牙历史上很重要的一个地方，曾是阿拉伯人在伊比利亚半岛上的最后一个王国的首都；塞维利亚、黑利斯等地。他们俩在车后说西班牙语、打打闹闹，就跟兄妹一样，关系非常融洽、亲密。

西班牙农民的生活

有一天，我们来到 Encarna 爸妈家。这两位老人当时都是 73 岁，是当地农民。他们住在格拉纳达的一个叫 huetor-tajar 的镇子里。房子是三层楼，老妈妈种了很多花草，楼里每一处都布置得很精致、漂亮。两位老人就像中国农村的老人们一样，勤劳、朴实、好客。每两周 Encarna 和她儿子，以及妹妹一家回家看望父母，老妈妈在厨房一个人忙前忙后，就像我老家的妈妈们一样；老爷子性格就像我爹一样，不善言辞，总是坐在那里静静地看着孩子们聊天、玩耍。那天一大早，他就到地里去忙乎，回来时居然提着两只刚猎到的兔子，一脸自豪地微笑着。两位老人对我们的到来很是热情，准备了各种好吃的，有他们自己种的，他们自己做的……他们也对中国农民的生活很好奇，我可着劲儿地给他们看宁夏的风光、中卫的美景，分享了父辈农村的生活和现在农村的生活。

我感觉到他们和我的父辈们，在过去的三十年里，一样地劳作，一样努力地生活，一样注重家庭，一样为了改

在Encarna的父母家

变命运辛苦地供孩子们求学。在这里,农民的退休金大约每人500欧以上,是大部分上班族的一半,而生活成本和国内三线城市差不多。

Encarna小时候,西班牙正处于佛朗哥的统治时期,她们姐妹三个都上了学。西班牙人也有重男轻女的观念,其他很多传统观念也跟中国人一样,比如很多人家三代同堂,孩子由老人带大。

我当时感觉西班牙的农民和中国农民不一样的地方是他们生活得更精致。Encarna的爸妈穿得干干净净、打扮得非常年轻，每个周末盛装打扮去跳弗拉明戈。他们家的桌布、沙发布，都是自己手绣的，连卫生间里的手纸筒都是自己制作，自己手绣的，非常美。家里的每一个细节，都透着美和对生活的热爱。

Encarna的妈妈送给抗抗自己手绣的礼物

美国夏令营及游学生活

2015年初我通过Bing.com查找纽约附近的夏令营，最后为抗抗选定了新泽西的夏令营Johnsonburg Camp（http://www.campjburg.org/），主要考虑到以下几个方面：①游学环境好，参加的孩子都是普林斯顿大学周围的孩子，很适合练习英语和了解美国文化；②可靠，这个夏令营创建于1959年，有着50多年的历史，活动设置丰富且机制成熟；③价格人性化，提供了三档价格：650美元一个星期，580美元一个星期，看着给（参加者可按照自己的实际经济能力自由选择），而且无论你选择何种价格，活动内容都没有差异，这种不以盈利为目的价格设置让人感动。

夏令营提供的活动也非常丰富，除了常规活动，如游泳、远足、户外烹饪、手工、戏剧、种植、钓鱼和各种团体竞技外，还提供如单桨冲浪、滑索、皮划艇、独木舟、板球、橄榄球、射箭、迷宫等有趣的活动。小的孩子住小

木屋，大的孩子住帐篷，甚至睡吊床。我们非常喜欢这种以拓展能力、磨练意志为目的的原始、粗犷的活动方式。我为抗抗和我的另外两个学生以中间价580美元一周的价格注册了三个星期。

在我们之前，这里极少接待直接从中国大陆过来的孩子，所以三个孩子成了大家的宝贝，被大家各种的稀罕。孩子们每天欢天喜地，乐不思蜀。

夏令营结束后，我们从纽约飞到芝加哥，停留了一周，然后租车从芝加哥出发，沿着美国66号公路一路自驾西行。旅途中，孩子们还沉浸在夏令营的回忆里，一路唱着营地里的歌，讲着营地里的趣事，不断地念叨着哪一年再来。美国夏令营，对抗抗来说，喜爱程度仅次于德国夏令营。

我们沿着66号公路边走、边逛、边学，途径圣路易斯、托皮卡、丹佛、拉斯维加斯、洛杉矶，行程4600多公里到达旧金山。途中，一个妈妈负责开车；一个妈妈负责途中带着孩子们学习下一站相关内容，如地理、历史、名胜、人文等；我的主要任务是做向导和翻译。

| 我女儿会五种语言 |

2015年抗抗在美国新泽西Johnsonburg夏令营

Part 5 第五部分 语言带我们走向世界

Lulu和抗抗在美国66号公路沿途

相比较我们在德国、西班牙的游学经历，车轮上的美国之行对我来说，还是潦草了些！

英国国际夏令营

2016年暑假，在意大利的首都罗马、艺术名城佛罗伦萨、法国里昂及巴黎游学两周后，我们到达了主要目的地——英国伦敦。抗抗在这里和我的一个学生会合，开始他们在伦敦北部XUK（https://www.xukcamps.com）为期四周的夏令营生活。

和之前的美国夏令营一样，我们没有通过以前参加过的人的介绍和推荐，是我在Bing.com直接搜索出来的，看评价后，和营地负责人邮件联系，然后通过Skype视频咨询决定参加的。可能对大部分爸爸妈妈们来说，有些冒险。但对我们来说，冒险是常态，谁让我们有一颗冒险的心呢！和美国Johnsonburg夏令营不同的是，XUK夏令营更加商业化、国际化，它有一个纯户外或者户内活动的全日制寄宿夏令营（XUK Activities）；一个暑期英语学习营

（XUK English），半天学习、半天活动；还有每日接送夏令营等，都是在伦敦周围的学校里，住宿条件较好。抗抗参加的是第一种形式的夏令营，活动内容也丰富多彩，应有尽有。参加这个夏令营的英国孩子很少，主要是来自西班牙、德国、法国和中国等国家的孩子。

我和另一个妈妈把孩子们送达夏令营后，直飞爱尔兰，绕爱尔兰岛到北爱尔兰贝尔法斯特，乘邮轮到英国大陆，租车到湖区，享受着不带先生、不带娃，风一样自由自在的旅行生活。

17　奇迹在每一次探索中

在我们的每一次旅行中，都有许多经历，会让人感觉到世界的神奇和人生际遇的各种不可思议。

|神奇抵达Bob家|

最有趣的是我们在菲律宾找到Bob家的经历。当时我们在从塔克洛班机场，坐了六七个小时的公交车去Bob家所在的小岛。300多公里的山路，又小又窄，又老又破的公交车沿着山路停停走走，车速很慢。到Bob家所在的小镇时，已经是下午六点左右。我们打电话给Bob，但没有联系上，跟人们打听Bob Criss，也没有人知道，只好坐上三轮车，满小岛转，结果发现，整个小岛没有一家酒店。

转了一个多小时，天已经完全黑了，我想，必须要找地方住下来。突然看见前面有一所大房子，我就让三轮车停到房子门口，往里看有个姑娘在庭院里打扫。我用英语问姑娘："这是酒店吗？"就听到里面有人喊叫着："Lulu，Lulu！"Bob和他的妻子Lorna从屋里冲了出来。真让人难以置信！我们居然就这样找到了他们！

|在德国一头撞到Wolfgang|

2013年6月，我们在德国慕尼黑附近一个叫做迪森的地方做沙发客。那里的景色非常美，我们计划停留十天，先后住在两家：Annemaria家和Wolfgang家。下了火车，我拿着手机找Annemaria家，但手机导航一时还反应不过

Wolfgang 和抗抗

来。那时候抗抗学德语没多久,街道指示都是德语,不太认识。又是夏天最热的时候,街上一个人都没有。我们俩拉着大大的行李,沿着上坡路,汗流浃背。

　　正在焦头烂额的时候,在一个拐角处,我一头撞到了一个人怀里。我抬头一看,那个人笑了,我也笑了,他一把把我抱进怀里,他居然是 Wolfgang！我们只是通过沙发客网站见过彼此的照片，他居然把我认出来了！他出来给他的妻子买东西，就撞上了我们。他帮我们拎行李，一直把我们送到Annemaria家。

🦄 |西班牙拇指搭车|

2014年，我们来到西班牙的马略卡岛。这个岛是西班牙的旅行胜地，欧洲人很喜欢这里，对他们而言，马略卡岛就像夏威夷一样著名。Annemaria的先生是西班牙裔德国人，他们在这个岛上有幢别墅。之前得知我们要去西班牙的时候，她邀请我们在她那儿住一个星期。

在我们约定好的日子，Annemaria从德国飞过去，到机场接我们来到在悬崖边上的别墅。来到那里，我和抗抗都惊呆了，尽管别墅长期无人居住，布满了灰尘，但丝毫不能遮蔽它豪华、大气和艺术的气质。我们在那里住了三四天，都不想出来，只在周围走了走。

住别墅很美，出行却有些困难，离开前一天，我们觉

得要去城里看看，得走30分钟的山路，才能到小镇上搭公交车去城里。我们到了小镇，发现已经错过了上午的最末班车。那里的公交车上午都是从小镇开往城区市中心的，最末班车11点半就结束，下午则都是从市中心绕岛回小镇的。我们不甘心就这样回去，就在公交车站伸出拇指搭车。岛上90%都是游客，居民也就400人左右，我的拇指伸出去一个小时，过去二三十辆车，停下来的不过两三辆，还都不合适，往往只有一个座位，或是不去城里。

快要放弃的时候，一辆车停了下来，正好他们要进城，车上的男女说可以把我们送到城里最著名的宫殿去，那是西班牙国王下榻的地方。在外旅行的时候，我们都尽量选择公共交通，一旦确实需要搭车，也会注意选择车主。如果车上全是男性、人高马大，估计我和抗抗宁愿不去城里，也不会上车。幸运的是，这两个人，从他们的眼睛看进去，我觉得可以信任。

上车以后，一聊，他们都是艺术家，在岛上有一个工作室，做影视配音，我们用英语、西班牙语聊得很开心。他们把我们送到宫殿后就走了。这次搭车经历让我们的人生多了一次不一样的经历。太幸运了！

在墨西哥混进演出

　　2017年7月，我在墨西哥瓦哈卡，正好赶上印第安人民族文化节盖拉盖查。16日晚上，我和住在隔壁房间的美国女孩聊了聊，她来到瓦哈卡三个星期，边教英语边学舞蹈，但至今还是没搞定演出的票，当时一听，我基本上已经放弃了第二天能看到演出的希望了。

　　7月18日，连日来被现金不足折磨的我，决定不去演出现场碰运气了，先解决现金问题要紧。话说每次出国旅行，在不太发达的国家和地区，都会有支付方式的困扰。在瓦哈卡很多地方刷不了卡，更别谈微信支付了。带现金少了，碰上不能刷卡的地方，就得找银行取现金，比较麻烦；但带现金多了，又会有安全顾虑。

　　取完现金，我看到对面一家餐厅门口排着长队，心想这家的味道应该不错。排队40分钟后，我和另外一个独行的女孩被安排坐到了长条吧台就餐，自然而然就聊了起来。姑娘叫马里贝（Maribel），是个医生，来自墨西哥城，此次是专程来瓦哈卡看演出的。听说她有票，我羡慕不已！正在这时，我的左手边，坐过来一个颇有些艺术范儿的小伙子，他也加入了我们的热聊，这哥们儿名叫米格尔（Miguel）。

我问他："你也是来旅行的吗？"

Miguel 说："不，我是来这里工作的！"

我问："什么工作？"

Miguel 说："舞台灯光设计，Guelaguetza 演出现场的灯光是我负责的！"

在墨西哥瓦哈卡餐厅（右起：米格尔、Lulu、马里贝）

天！我不敢奢望这哥们儿能帮我，一时间也不敢相信怎么会这么巧，都不敢接话了！

Maribel立马问他："能不能把Lulu带进演出？"

Miguel说："你们先试试能不能找到票，如果不能，我会想办法！"

耶！最后我在米格尔的带领下戴着工作牌，穿过层层关卡坐在了观众席上。

这些经历都这样奇妙，让我相信世界的美好，人与人之间缘分的奇妙。感谢这些年的语言教学经历，感谢这些年带着女儿一起成长的美好时光，感谢这些年家人和朋友的支持，感谢你来读我这本书！

小编阿文的话

第一次见本书作者Lulu老师的时候,是个冬天的夜晚,我裹着大羽绒服,跑到她上课的地方介绍了自己,送她一本《人生转轨处》。她很喜欢我送的书,但拒绝了我的出版邀请:"我只想安安静静地教学,安安静静地读书、画画。"但后来聊多了,受到其他因素的触动,她改变了主意"我们来出一本书。"于是,经过Lulu老师很多个夜晚的伏案写稿,我们多次的修改、磨合,在出版社同事的通力合作下，就有了这本书。

本书的内容本质是：1.**在家庭中，孩子可以几乎零成本，轻轻松松、快快乐乐地学好多种外语** 2.**普通的家庭，也可以培养出优秀、杰出的孩子**。它不仅仅是一个资深的英语老师把高效的外语打开方式——"母语式语言学习法"分享给我们，还是一个妈妈把十多年培养出优秀孩子的经验，也毫无保留地分享出来。每一次和Lulu老师交谈，每一次看稿，都激励我去做一个自我培养、自强不息的人！去做一个智慧、高支持的家长！

Lulu老师是一个令人尊敬的、富有胆气、独立自强、善于思考和研究的人。她不是教育专家，书中也没有完美无缺的理论，有的是她十年的实践经验和思考，这些经验和思考，放在当下的时代背景中，其远见与胆识，格外珍贵。愿拿到这本书的你，用开放的心去体会，更重要的是去走一条自己的路。若有任何意见或建议，或者你对学习语言、孩子教育、自我成长有任何的思考，都欢迎分享给我。

最后，感谢介绍Lulu老师给我认识的叶娜女士，感谢为这本书提供支持的所有朋友！感恩遇见Lulu，感恩上天把这本书放进我的出版生涯！